신앙단상집

빈털터리 하나님

김용삼

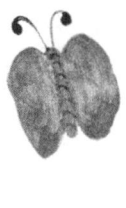

쿰란출판사

작가의 말

엎드려 경배합니다.
하늘 보좌를 버리고 낮고 낮은 나를 찾아오신 하나님,
끝내 나를 무릎 꿇게 하시고 엎드려 다만
내 안에 계신 하나님을 경배케 하신 그 사랑을 찬양합니다.

높은 곳, 먼 곳, 부요한 곳을 찾아 산천을 헤매던 나에게
삶과 신앙의 의미를 찾아 질문을 멈출 줄 모르던 나에게
어느 추운 겨울날
문득
쌀 한 톨 없이 바닥난 당신의 텅 빈 곳간을 보여주심으로
지금 여기 아무 의미 없는 침묵의 자리로 나를 이끄신
진리의 하나님을 엎드려 경배합니다.

말과 생각으로 촘촘히 쳐놓은 거미줄에서 벗어나
바로 지금, 바로 여기 생명의 날개로
영원한 지금을 살게 하신 빈털터리 하나님께
예수 그리스도, 나의 전부를 드려
나의 자유를 바쳐
나의 임마누엘께 엎드려 경배합니다.

                           2024년 10월 어느 가을날에
                                      김용삼

목차

작가의 말 _ 2

제1부

겨울

돌아오자 _ 11
빈털터리 하나님 _ 15
질그릇 _ 17
구하지 않는 삶 _ 21
마음의 편의점 _ 25
쉼 _ 29

나는 누구인가 _ 33
받아들임 _ 35
자기 정죄 _ 39
이웃 사랑 _ 43
자기 그릇을 깨라 _ 47
말은 말일 뿐 _ 51
걱정 없다 _ 55
엉뚱한 은혜 _ 59
응답 없는 하나님 _ 63
믿음의 방주 _ 67

2부

봄

답 없는 믿음 _ 71
마마보이 _ 75
부족함이 없도다 _ 79
구제 _ 83
반석 신앙 _ 87
밖과 안 _ 91
눈 뜬 자 _ 95
허깨비 옛사람 _ 99
생명 신앙 _ 103
혀를 길들이는 법 _ 105
꿈같은 인생 _ 109
사랑싸움 _ 111
말편지 _ 115
되치기 고수 _ 119
갈한 심령 _ 123
나는 생각을 믿지 않습니다 _ 127

3부
여름

소중한 나 _ 131
죄인이 되려거든 _ 133
처음 사랑 _ 135
황금똥 _ 139
분별의 마음 _ 143
걱정하는 게 죄다 _ 147
원수 _ 149
사랑 거지 _ 153

부족함 없는 구원 _ 155
덫 _ 157
역설의 은혜 _ 161
목마름 _ 163
안수기도 _ 167
심각이라는 병 _ 169
하나님 나라 _ 171
새사람의 노래 _ 175

4부

가을

영원한 지금 _ 179
삶의 목적 _ 183
텃밭을 얻다 _ 187
기도의 사람 _ 189
간절함 _ 193
성령과 은사 _ 197
자식은 고난이다 _ 201
직분 받는 이에게 _ 205
이단 _ 207
쪽빛 바다 _ 211
멋스러움 _ 213
믿음의 순례자 _ 215
만남의 은혜 _ 219
사랑에 관한 하나의 비유 _ 221
설교를 잘 듣는 법 _ 225
그날은 _ 229

제1부

겨울

"야곱이 잠이 깨어 이르되 여호와께서 과연 여기 계시거늘 내가 알지 못하였도다 이에 두려워하여 이르되 두렵도다 이 곳이여 이것은 다름 아닌 하나님의 집이요 이는 하늘의 문이로다 하고" (창 28:16-17).

돌아오자

이제 우리는 하나님께 돌아올 때가 되었다. 수고로운 지난 날의 우리 신앙을 속 깊이 돌아보며 회개할 때가 되었다. 해 질녘 모래성을 쌓던 아이가 엄마의 부름에 망설임 없이 일어 나 집으로 달려가듯 순전한 마음으로 여호와께 돌아오자.

우리 모두는 세상 짐을 내려놓고 처음 예수를 만난 후 구원의 기쁨을 이기지 못하여 춤을 추었다. 그러나 잠시 잠 깐뿐, 그 구원의 감격을 잃어버린 지 오래 아니던가. 누구보 다 예배와 기도와 봉사에 힘써왔으나 더욱 목마르지 아니 하던가.

성경은 믿는 자에게 수없이 은혜와 평강을 약속하고 있다. 그럼에도 우리는 신앙 연륜이 쌓여갈수록 되려 영적인 무거 운 짐들로 평안을 잃고 힘겨워하고 있으니 어찌 된 일인가. 말씀이 거짓이 아닐 터, 우리 신앙을 돌이킬 때가 되었다.

우리 신앙에 참된 만족이 없는 까닭은 무엇일까. 바닷물 을 마시는 것처럼 목마름이 끝나지 않는 까닭은 무엇일까. 진리의 말씀을 믿기보다는 구멍 난 항아리 같은 탐심의 생각을 의지함으로 끝없이 바라고 추구하는 신앙을 가졌기 때문이다.

더 많이 예배드리고 더 많이 기도하면 거기에 평안이 있을 거라는 헛된 생각을 좇아 신앙생활을 해왔다. 하나를 하면 둘을, 다섯을 하면 열을 바라는 끝없는 생각의 욕망을 따라 믿음생활을 해왔다. 어디 한 번이라도 만족스러웠던 적 있던가.

우리의 생각에는 만족함이 없다. 끝없이 시비 분별하는 게 생각의 속성이 아니던가. 따라서 생각을 만족하게 하는 완전한 나의 모습은 백 년을 다한들 천 년을 다한들 미래에는 결코 있을 수 없다. 그러므로 생각에서 믿음으로 지금 돌아오자.

우리의 생각이 늘 못나고 부족하다고 자책하는 지금, 자신의 모습이 못나면 못난 대로, 부족하면 부족한 대로, 이미 있는 그대로 완전하다는 은혜의 진리로 우리의 마음을 돌이키자. 다시는 목마름 없는 은혜의 강가로 돌아와 쉼을 누리자.

돌아가지 말고 돌아와야 한다. 우리는 허깨비 생각으로

만 은혜로부터 떠나 있었지, 실상은 한 발짝도 십자가의 은혜를 떠난 적 없기 때문이다. 또다시 생각에 속아 돌아가려 하지 말고, 진실로 마음을 돌이켜 이미 은혜 안에 있음을 깨우치라.

하나님께 돌아오라. 오직 은혜로 살라. 잘난 모습 이대로 못난 모습 이대로, 잘난 생각도 없이 못난 생각도 없이 은혜로 살라. 오직 은혜로 살면 지금 이대로 진실로 부족함 없는 은혜의 사람이 되어 날마다 생각으로부터 매 순간 자유하리라.

"하나님이 세상을 이처럼 사랑하사 독생자를 주셨으니 이는 그를 믿는 자마다 멸망하지 않고 영생을 얻게 하려 하심이라"(요 3:16).

빈털터리 하나님

하나님은 우리에게 더는 줄 게 없다. 아무리 떼를 쓴들 무엇 하나 줄 게 없다. 우리는 하나님께 더는 받을 게 없다. 아무리 아우성친들 무엇 하나 받을 게 없다. 하나님은 이미 우리에게 전부를 주셨고, 우리는 이미 하나님께 전부를 받았다. 믿음의 성숙은 이 사실을 몸소 알아가는 자족에 있다.

하나님의 전부는 독생자 예수 그리스도다. 독생자 없는 성부 하나님은 사랑을 잃고 파산 맞은 빈털터리와 같다. 그럼에도 하나님은 죄 아래 있는 우리를 사랑하사 독생자를 아낌없이 십자가의 죽음에 내놓으셨다. 실상 하나님은 독생자보다 우리를 더욱 사랑하시므로 독생자를 잃고 우리를 찾으셨다.

우리의 믿음은 하나님의 손에 들린 얼만큼의 축복을 소유한 게 아니다. 우리는 믿음으로 하나님의 전부인 독생자 예수를 생명으로 소유한다. 온 우주를 넉넉히 사고도 남는 보화의 예수가 곧 나의 생명이다. 써도 써도 조금도 닳지 않는 예수의 생명으로 맘껏 부요한 자가 믿음의 사람이다.

"우리가 이 보배를 질그릇에 가졌으니 이는 심히 큰 능력은 하나님께 있고 우리에게 있지 아니함을 알게 하려 함이라"(고후 4:7).

질그릇

사람은 누구나 질그릇 같은 인생을 산다. 쉽게 상처 입고 쉽게 깨어지는 보잘것없는 살림살이다. 겉으로 보기엔 금그릇 같고 은그릇 같을지라도 누추함을 감추려는 싸구려 도금에 불과할 뿐, 화살 같은 세월에 금세 늙고 병들어 죽는다.

하나님은 질그릇 같은 우리 인생을 구원하시되 금그릇 같은 보배가 되게 하지 않으셨다. 다만 보배 중에 보배이신 예수의 생명을 질그릇 같은 우리 안에 갖게 하셨다. 이는 능력이 우리에게 있지 않고 하나님께 있음을 알게 하심으로 우리 삶이 은혜가 되게 하심이다.

질그릇에 보배를 가진 자가 살아내는 은혜의 삶이란 예수를 힘입어 내가 강해지는 삶이 아니다. 다만 질그릇같이 연약한 내가 능력의 예수 안에 거함으로 강해지는 삶이다. 상처 입은 그대로, 깨진 그대로 은혜로써 보배가 되는 삶이다.

하나님의 은혜가 물이 가득 찬 바다와 같다면 모든 신자는 바다 속에 깊이 잠긴 질그릇과 같다. 큰 그릇이든 작은 그릇이든, 둥근 그릇이든 네모난 그릇이든, 상처 난 그릇이

든 깨진 그릇이든 모든 그릇은 각자의 모양대로 바닷물은 충만하다.

질그릇 안에 보배로운 예수의 생명을 가진 그대여, 예수를 힘입어 그대 자신이 고려청자 같은 보배가 되려 하지 마라. 초라한 질그릇을 빛나는 금그릇으로 만들려 애쓰지 마라. 못난 그대로, 깨진 그대로 넘치는 은혜로 그대는 귀한 보배다.

"내가 궁핍하므로 말하는 것이 아니니라 어떠한 형편에든지 나는 자족하기를 배웠노니 나는 비천에 처할 줄도 알고 풍부에 처할 줄도 알아 모든 일 곧 배부름과 배고픔과 풍부와 궁핍에도 처할 줄 아는 일체의 비결을 배웠노라" (빌 4:11-12).

구하지 않는 삶

　하나님은 언제나 우리와 함께 계시기에 다시 하나님을 찾아 먼 길을 방황할 필요가 없다. 하나님은 어디서나 부족함 없는 은혜로 우리를 채우시기에 더는 욕심을 부릴 필요가 없다. 그래서 늘 하나님과 동행하는 신자의 마음은 항상 평안하다.

　신자는 지금 내게 없는 것을 구하지 않고 지금 내게 있는 것을 붙들지 않고 지금 내게 있는 그대로 자족하며 봄이 오면 산과 들이 푸르러지듯 꽃이 피면 봄바람에 나비 춤추듯 매 순간 은혜 안에 살아간다. 구하지 않아도 모자람이 없기 때문이다.

　성경적 기도의 극치는 따로 구하지 않는 기도다. 순종이 늘 침묵의 순교를 닮아 있듯, 있는 그대로의 삶을 온전히 받아들임이 기도의 정수다. 바다 속 물고기가 외따로 물을 찾아 헤매지 않듯 언제나 지금 하나님과 동행하는 신자는 온통 삶을 기도로써 산다.

　구하지 않는 삶이란 지금의 답답한 현실에 만족하는 삶이

다. 다시 말해, 구하여 얻을 수 있는 것은 맘껏 구하여 얻되, 구하여 얻지 못한 현실의 한계를 매 순간 인정하고 받아들이는 삶이다. 얻지 못한 것을 억지로 구하는 데 고통이 있는 것이다.

신자는 구하지 않는 삶을 산다. 항상 가장 좋은 길로 인도하시고, 범사에 가장 좋은 것으로 채우시는 하나님의 선한 손길을 신뢰하며 산다. 구하기 전에 이미 받았고, 찾기 전에 이미 찾았고, 두드리기 전에 이미 안에 있음을 알기 때문이다.

구하고 찾고 두드려도 끝내 얻지 못한 것들에 대한 탐심으로부터의 자유가 구하지 않는 삶이다.

"이같이 한즉 하늘에 계신 너희 아버지의 아들이 되리니 이는 하나님이 그 해를 악인과 선인에게 비추시며 비를 의로운 자와 불의한 자에게 내려주심이라"(마 5:45).

마음의 편의점

하나님의 사랑을 알면 나를 사랑하게 되고, 나를 사랑하게 되면 이웃을 사랑하게 된다. 다시 말해, 나를 사랑하지 않으면 하나님의 사랑을 알 수도 없고, 이웃을 사랑할 수도 없다. 그래서 성경은 이웃을 네 몸과 같이 사랑하라 가르치는 것이다.

돌아보면, 우리는 우리 자신보다 부모와 자식을 더 사랑했고, 우리 자신보다 친구와 애인을 더 사랑했고, 우리 자신보다 세상과 돈을 더 사랑하며 살아왔다. 그 결과 우리는 우리 자신을 사랑하는 데 서툴렀고, 이웃을 사랑하는 데도 어설펐다.

비유컨대, 우리의 마음이 편의점이라면 수시로 찾아드는 다양한 감정은 손님이라 하겠다. 우리는 편의점 주인이 되어 어리석게도 우리 잣대로 감정이라는 손님들을 분별하였다. 우리 입맛대로 감정이라는 손님에 집착하거나 미워하였다.

우리 마음의 편의점이 감사와 평안보다는 불평과 불안으로 폐업 위기에 놓인 까닭은 무엇일까. 우리 생각에 기쁨,

행복 같은 좋은 감정의 손님은 맘껏 반기면서, 우리 생각에 슬픔, 불행 같은 나쁜 감정은 애써 외면하며 살아왔기 때문이다.

이제 우리는 지혜로운 마음의 편의점 주인이 되어야 한다. 하나님이 그 해를 악인과 선인에게 비추시며 비를 의로운 자와 불의한 자에게 내려주심과 같이 좋은 감정 손님이든 나쁜 감정 손님이든 시비하지 않고 모두 친절하게 맞이하여야 한다.

하나님께서는 죄인이었고 원수였던 우리를 정죄하지 않으시고 예수의 십자가 사랑으로 용서하시고 용납하셨다. 그 은혜를 힘입어 상한 갈대 같은 감정까지도 분별 없이 품에 안을 때 비로소 우리는 내 몸처럼 이웃을 사랑할 수 있을 것이다.

"수고하고 무거운 짐 진 자들아 다 내게로 오라 내가 너희를 쉬게 하리라 나는 마음이 온유하고 겸손하니 나의 멍에를 메고 내게 배우라 그리하면 너희 마음이 쉼을 얻으리니 이는 내 멍에는 쉽고 내 짐은 가벼움이라 하시니라"(마 11:28-30).

쉼

　세상 사람들은 모두 수고하고 무거운 짐을 스스로 지고 힘겹게 살아간다. 너무나 자연스러운 일이다. 반면, 예수를 만난 신자는 수고하고 무거운 일생의 짐을 비로소 내려놓고 주님이 주시는 평안으로 살아간다. 매일의 삶이 세상 사람들에겐 버거운 멍에지만 신자에겐 안식이요 평안이다.

　그런데 신자의 삶을 보면 평안과 안식과는 거리가 멀다. 세상의 짐과 함께 신앙의 짐까지 버겁게 짊어지고 쉼 없이 허덕인다. 세상 물질을 추구하는 에고의 자리에서 영적인 신앙까지 탐하기 때문이다. 영적 물질주의다. 탐심은 구멍 난 항아리 같아서 채울수록 만족 없는 불만족이 아니던가.

　오랫동안 우리는 자신의 현재 모습에 만족하는 은혜적 신앙교육보다는 지금보다 더 나은 자신이 되어야 한다는 미래 지향적 신앙교육을 받아왔다. 그로 인해 있는 그대로의 현재 자신의 모습에 감사하기보다 오히려 더 많은 자괴감에 자신을 채찍질하며 고통 속에 살아왔다.

　정말이지 신앙은 구하여 이루는 게 아니라 이미 예수 안

에 이루어졌음을 보는 일이다. 이미 주님의 충만한 은혜 가운데 있으면서도 눈멀어 자기 의로 신앙의 업적을 성취하려는 욕망을 매 순간 주님의 십자가 능력으로 못 박는 일이다. 신앙을 탑으로 비유하자면 신앙의 성장은 탑을 쌓는 게 아니라 허무는 일이다.

신자의 안식은 되려 자신에게 선한 게 하나도 없음을 참으로 알 때 주어지는 은혜다. 자신의 힘으론 도저히 참된 평안을 얻을 수 없음을 뼈저리게 통감한 자만이 비로소 십자가 밑에 나아가 참된 평안을 얻게 된다. 죽음 없는 부활이 있을 수 없듯 자기 부인 없는 참된 만족은 있을 수 없다.

신자에겐 모든 날이 쉼이요, 모든 일이 쉼이다. 우리의 일을 주님이 십자가에서 다 이루셨다. 우리는 따로 할 일이 없는 자가 되었다. 혹 우리 일이 남아 있다면 주님이 다 이루신 평안을 기쁨으로 누리는 일이다. 날마다 짐을 능히 대신 지시는 주님의 은혜로 기쁠 때나 슬플 때나 신자는 평안하다.

"내가 그리스도와 함께 십자가에 못 박혔나니 그런즉 이제는 내가 사는 것이 아니요 오직 내 안에 그리스도께서 사시는 것이라 이제 내가 육체 가운데 사는 것은 나를 사랑하사 나를 위하여 자기 자신을 버리신 하나님의 아들을 믿는 믿음 안에서 사는 것이라" (갈 2:20).

나는 누구인가

믿음은 행위 이전에 본질적 관계의 문제다. 믿음으로 산다는 것은 내가 무엇을 하느냐가 아니라 내가 누구냐 하는 문제다. 참된 믿음은 내가 무언가를 새롭게 이루는 게 아니라 내가 진정 누구인가를 아는 일이다.

성경은 좋은 열매 이전에 먼저 좋은 나무가 되라 한다. 좋은 나무는 절로 좋은 열매를 맺기 때문이다. 그럼에도 우리는 내가 누구인지를 아는 일, 곧 좋은 나무가 되기보다 그저 내가 무언가를 이루는 일, 곧 좋은 열매 맺기에 급급하다.

그렇다면 나는 누구인가? 나는 예수 안에 있다. 이제 예수 밖에 나는 없다. 예수와 동떨어진 나는 이미 십자가에 죽어 없고, 오직 나는 예수 안에 다시 사는 나다. 참 포도나무이신 예수의 몸에 접붙임을 받은 지체로서의 나다.

믿음은 내가 늘 그리스도 안에 있음을 까먹지 않는 것이다. 똥물이라도 바다를 만나는 순간 푸르고 푸른 바닷물이 되듯 우리의 모습이 어떠하든 그리스도의 깊고 넓은 은혜를 만나면 때를 따라 선한 열매를 맺는 예수의 생명이 된다.

"비록 무화과나무가 무성하지 못하며 포도나무에 열매가 없으며 감람나무에 소출이 없으며 밭에 먹을 것이 없으며 우리에 양이 없으며 외양간에 소가 없을지라도" (합 3:17).

받아들임

　우리 삶의 태도를 보면 지금 주어진 현실을 있는 그대로 받아들이기보다 더 나은 삶이 되도록 애쓰며 살아간다. 그뿐 아니라, 자신과 다른 사람을 있는 그대로의 모습으로 바라보지 못하고 수시로 자책하고 충고하며 뜯어고치려 한다.

　우리 신앙의 자태 또한 크게 다르지 않다. 예배를 좀 더 드려라, 형제를 좀 더 사랑해라, 기도를 좀 더 해라, 봉사를 좀 더 하고 헌금을 좀 더 드려라 등, 지금의 모습에 자족하기보다는 현실을 끝없이 부정하고 고치려는 믿음생활을 해왔다.

　그로 인해 세상이 줄 수 없는 평안을 가졌으면서도, 세상이 빼앗을 수 없는 샬롬을 가졌으면서도 늘 지난날을 후회하고, 아직 다가오지 않는 날을 걱정하고, 오늘에 불만족함으로 매일 괴로움의 밥을 먹으며 누추하게 살았다.

　우리의 마음은 틈만 나면 겨자씨만 한 작은 핑곗거리를 찾아 지금의 현실을 외면하고 부정하려 애썼다. 어찌하겠는가. 예수님도 그리하지 않았던가. 십자가의 죽음을 앞두고 겟세마네 동산에서 아버지 하나님께 할 수만 있다면 이 고

난의 잔을 마시지 않게 해달라고 간곡히 기도하셨다.

그러나 예수님은 잘 알고 계셨던 것이다. 거룩하고 복된 이 고난의 현실을 외면할 수 없다는 것을. 그래서 '하오나 내 뜻대로 마시옵고 아버지의 뜻대로 하옵소서' 하고 기꺼이 십자가를 지셨다. 어차피 피할 수 없는 고통의 현실을 기쁘게 받아들임으로 예수님은 우리의 구주가 되셨다.

우리의 고통은 지금의 현실을 있는 그대로 받아들이지 않는 데 있다. 지금의 삶과 신앙의 모습이 어떠하든 있는 그대로 받아들임에는 작은 수고와 노력도 필요하지 않다. 도리어 지금의 삶과 신앙을 있는 그대로 받아들이지 않고 어떻게든 고쳐보려고 할 때 거기서 눈물과 고통이 생겨난다.

지금의 현실은 누구보다 나를 사랑하시는 하나님이 나를 위해 정성껏 차려놓으신 최고의 밥상이다. 졸지도 않고 주무시지도 않고 눈앞에 펼쳐놓으신 진수성찬이다. 하나님과 싸우는 인간보다 더 어리석은 인간은 없다. 눈앞의 현실을 감사로 받아들임이 하나님의 선하심을 맛보는 믿음이다.

"그러므로 이제 그리스도 예수 안에 있는 자에게는 결코 정죄함이 없나니 이는 그리스도 예수 안에 있는 생명의 성령의 법이 죄와 사망의 법에서 너를 해방하였음이라"(롬 8:1-2).

자기 정죄

우리는 완전한 존재가 아니다. 하나님의 형상을 따라 지음 받은, 홀로 살아갈 수 없는 피조물이다. 또한 범죄한 아담의 후예로 죄 아래 태어난 죽음의 존재다. 특히 사는 날 동안 자기의 생각과 바람대로 살 수 없는 못나고 나약한 존재다.

그런데 우리는 완전한 존재라 착각하며 살아간다. 부지런히 힘쓰고 최선을 다해 노력하다 보면 자신의 불완전함이 언젠가는 사라질 것이라 굳게 믿으며 살고 있다. 그 결과 완전하지 못한 자신을 못마땅해하며 끝없이 자기를 정죄하였다.

우리는 왜 자신의 연약함을 인정치 못하고 늘 자기를 정죄하며 사는 것일까. 역설적이게도 자기 정죄는 자신을 완전한 존재라 생각하는 오만함에서 비롯된 것이다. 그리스도의 은혜 없이 스스로 완전할 수 있다는 방자함이 자기 정죄다.

우리가 자기 정죄에서 벗어나 기쁨의 삶을 살려면 무엇보다 자기 생각을 믿지 말아야 한다. 자신이 완전한 존재라는 생각, 언젠가는 자신은 완전해질 수 있다는 생각을 믿지 말아야 한다. 오만방자한 생각만 믿지 않으면 만사형통이다.

언뜻 보면 자기 정죄가 지금의 모습에서 좀더 나은 자신의 모습이 되기 위한 성찰인 듯하다. 하지만 할 수도 없고 하지도 못할 일을 마치 다 할 수 있는 완전한 자라도 되는 양 오만을 떠는 게 자기 정죄다. 생각의 오만이 일생을 괴롭혔다.

우리 삶이 힘들고 고통스러운 것은 우리 존재가 못나고 나약해서가 아니다. 우리의 못남과 연약함을 솔직히 고백하며 십자가의 은혜 앞에 서기보다는 자기 의와 자기 애씀으로 완전해지려 더욱 자신을 옭아매기에 인생이 괴로운 것이다.

우리는 완전한 존재가 아니다. 우리가 바라는 대로 무엇이든 할 수 있는 능력자가 아니다. 그러나 우리는 예수 안에서 강하고 강하며, 조금도 부족함이 없다. 언제든지 십자가의 은혜가 함께하기 때문이다. 자기 정죄에는 은혜가 없다.

"예수께서 이르시되 네 마음을 다하고 목숨을 다하고 뜻을 다하여 주 너의 하나님을 사랑하라 하셨으니 이것이 크고 첫째 되는 계명이요 둘째도 그와 같으니 네 이웃을 네 자신같이 사랑하라 하셨으니 두 계명이 온 율법과 선지자의 강령이니라" (마 22:37-40).

이웃 사랑

우리가 믿음의 사람으로 살아가면서 이웃을 사랑하는 일은 하나님을 사랑하는 일만큼 중요한 핵심 계명이다. 이는 어느 저명한 신학자의 주장이나 해석이 아니라 우리 구주 예수께서 친히 강조하여 가르쳐 주신 진리의 말씀이다.

우리가 내 몸처럼 사랑해야 할 이웃은 누구일까? 우리와 더불어 가까이 살아가는 모두가 우리 이웃 아니겠는가? 특히 강도 만난 사람처럼 도움의 손길이 필요한 사람이 우리가 내 몸처럼 사랑해야 할 이웃이라 하겠다.

그렇다면 우리의 사랑과 섬김이 절실히 필요한 가장 가까운 이웃은 누구일까? 너무나 가까운 이웃인지라 천덕꾸러기 취급받으며 늘 외면당했던 우리의 이웃은 누구일까? 진정 우리가 내 몸처럼 사랑해야 할 우리 모두의 이웃은 누구일까?

우리 마음에 하루에도 수천 수만 번 찾아왔다 떠나가는 생각과 또 생각에 대한 몸의 반응인 감정은 내가 아니다. 변함없이 늘 존재하는 나에게 손님처럼 불쑥 왔다가 가는 생각과 감정은 우리가 내 몸처럼 사랑해야 할 진정한 이웃이 아닐까?

우리는 몸 없이 살 수 없듯 감정 없이 살 수 없다. 우리 마음에 다양한 모습으로 찾아오는 감정이 없다면 우리는 나무와 돌과 같은 무정물에 불과하리라. 그런 점에서 감정은 우리가 생명을 다해 사랑해야 할 우리 모두의 참 이웃인 것이다.

그런데 우리는 어떠한가? 강도를 만나 피 흘려 쓰러진 사람을 보고 그냥 지나가는 제사장과 레위인처럼 우리 마음에 찾아온 상처 난 감정을 수시로 분별하고 외면해 왔다. 선한 사마리아인처럼 상처 난 감정을 따뜻이 싸매 준 적 없지 않았던가.

사랑은 시비 분별하지 않는다. 탕자를 기뻐 반기는 아버지처럼 사랑은 편애하지 않는다. 깨끗한 물이든 더러운 물이든 모든 물을 가리지 않고 받아 드넓은 바다가 된 것처럼 참 사랑은 내 마음의 입맛에 따라 이웃을 사랑하지 않는다.

이제 우리는 마음의 감정이라는 이웃들을 사랑해야 한다. 몸이 아플 때 더욱 몸을 아끼고 보살피듯 슬픔과 우울과 불안과 두려움이 찾아올 때 분별 없이 반겨 맞아야 한다. 그때 비로소 더불어 사는 이웃을 내 몸처럼 사랑할 수 있을 것이다.

"무리와 제자들을 불러 이르시되 누구든지 나를 따라오려거든 자기를 부인하고 자기 십자가를 지고 나를 따를 것이니라" (막 8:34).

자기 그릇을 깨라

하나님은 우리에게 한량없는 은혜의 단비를 언제나 풍성히 내리신다. 그러므로 우리가 진실로 예수를 믿는다면 빵은 구걸할지라도 은혜는 구걸하지 말아야 한다. 진실로 예수를 믿는 우리의 삶은 빵은 바닥날지라도 은혜는 바닥나지 않는다.

그런데 참으로 이상한 일이 아닌가? 우리의 입술로는 모든 것이 은혜라고 목 놓아 찬송은 부르면서 정작 우리의 삶은 은혜가 없어 타는 목마름으로 은혜를 갈망하고 있다. 은혜가 부족한 탓인가, 아니면 은혜의 홍수 중에 기갈인가?

하늘이 뚫린 듯 비가 억수로 쏟아져도 마당의 그릇은 그릇의 크기만큼만 빗물을 채울 수 있다. 항아리는 항아리 크기만큼만, 개밥그릇은 개밥그릇 크기만큼만, 찻잔은 찻잔 크기만큼만 빗물을 채울 뿐 더는 한 방울도 채울 수 없다.

혹 우리는 은혜의 폭우 속에 살면서도 자기 그릇에 담긴 은혜만을 보고 사는 것은 아닐까. 교회에서는 은혜비가 가득한 하늘을 보며 충만한 은혜를 찬송하다가 일상에서는 자기 그릇만큼만 채워진 은혜비를 보며 목말라 하는 것은 아닐까?

생각해 보라, 우리가 은혜비를 담기 위해 만든 각자의 그릇 크기는 어느 정도인지. 어떤 이는 항아리만큼 크다 할 것이고, 어떤 이는 찻잔만큼 작다 할 것이다. 하지만 한량없는 은혜의 단비를 담기엔 역부족인 건 마찬가지다.

우리에게 아주 특별한 능력이 있어 백두산 천지만큼 커다란 그릇을 만들었다고 하자. 그렇다 한들 오대양 바다로도 채울 수 없는 하나님의 은혜를 담기에는 불가능하지 않겠는가? 만분의 일, 억분의 일, 조분의 일도 채우지 못할 게 분명하다.

그래서 주님은 누구든지 나를 따라오려거든 자기를 부인하고 자기 십자가를 지고 나를 따르라고 말씀하셨던 것이다. 이는 자기라는 그릇을 더 크게 만들어 주님을 따르려 하지 말고, 자기라는 그릇 자체를 아예 깨부수고 따르라는 것이다.

그런데 우리는 예수의 제자도를 따른다고 하면서 자기 그릇을 깨려 하기보다 자꾸 욕망으로 자기 그릇을 강화하고 확

대하려고 한다. 하지만 자기 선함과 자기 열심으로 만들어진 그릇은 어떤 것이든 크기가 제한될 뿐 아니라 깨지기 쉽다.

날마다 자기 십자가를 지는 예수의 제자는 크든 작든 자기라는 그릇을 십자가에 담대히 깨뜨려야 한다. 한 방울의 은혜도 담길 수 없도록 자기라는 그릇이 산산이 부서질 때 충만한 은혜를 온전히 담고도 남는 은혜 그 자체의 그릇이 된다.

예수의 제자 된 우리가 한량없는 은혜의 단비에 흠뻑 젖는 복 있는 삶을 살려 한다면 날마다 자기 그릇을 깨부숴야 한다. 예수의 발아래 귀한 옥합을 깨뜨린 여인처럼 자기 그릇을 철저히 깨뜨릴 때 비로소 은혜로 향기 나는 삶이 된다.

"내가 사람의 방언과 천사의 말을 할지라도 사랑이 없으면 소리 나는 구리와 울리는 꽹과리가 되고"(고전 13:1).

말은 말일 뿐

 사람은 누구나 말실수를 한다. 교양 있는 사람이라도 말로 타인의 마음에 상처를 주기도 하고, 타인의 말에 마음이 상처를 받기도 한다. 말 한마디가 때론 사람을 살리기도 하고, 죽이기도 한다.

 그렇다면 말에 상처받지 않는 삶은 불가능하다는 말인가? 타인에게 말실수를 하지 않기를 기대하는 한 불가능할 것이다. 하지만 타인이 말의 실수를 한들 자신이 작은 상처도 받지 않는다면 말로부터 자유하는 삶이 가능할 것이다.

 우리가 진실로 말로부터 자유하는 삶을 살기 위해서는 생각과 감정을 일으키는 입술의 말이 얼마나 무능한 관념과 이미지에 불과한지를 깨우쳐야 한다. 비유컨대, 말은 그림 속의 사나운 사자와 같아서 우리의 머리카락 하나도 건드리지 못한다.

 그대가 지금 배가 출출하여 라면이 먹고 싶다면 그대의 말로 정성스레 라면을 끓여 보라. 밤새 입술의 말로는 라면 하나 끓이지 못할 것이다. 사과를 호박이라 말한들, 사과를

자두라 말한들 사과가 호박이 되고 자두가 되는 법은 없다.

하나님 나라는 말에 있지 않고 오직 능력에 있다. 말은 말일 뿐 능력이 아니다. 수많은 사람이 우리를 향해 바보 멍청이 똥개라 소리쳐도 우리의 존귀함은 티끌만큼도 손상되지 않는다. 미혹의 영이 우리 마음에 찾아와 저주의 말을 퍼부은들 우리의 영광스러움은 겨자씨만큼도 훼손되지 않는다.

우리는 하나님 자녀로서 지혜와 덕이 있는 사람이 되어야 한다. 타인에게 말을 할 때에는 말에 실수가 없도록 늘 주의를 다 해야 할 것이고, 타인의 말을 들을 때에는 어떤 말에도 상처를 입지 않도록 말은 말일 뿐임을 직시해야 할 것이다.

"그러므로 내일 일을 위하여 염려하지 말라 내일 일은 내일이 염려할 것이요 한 날의 괴로움은 그날로 족하니라" (마 6:34).

걱정 없다

그리스도인은 걱정 없이, 염려 없이 사는 자다. 걱정을 하려 해도 걱정할 게 없고, 염려하려 해도 염려할 게 없는 자다. 근심거리가 태산같이 많은 일상 속에서 평안의 삶을 사는 자가 그리스도인이다. 주님의 은혜가 삶의 전부가 되었기 때문이다.

그런데 우리의 삶은 어떠한가? 예수를 믿는 신자로서 매일의 삶을 주님의 은혜로 평안 가운데 살기보다는 불안 속에 살아갈 때가 많다. 걱정하지 않으려 말씀을 보아도 걱정을 하고, 염려하지 않으려 기도해도 염려하며 살고 있다.

우리는 누구나 걱정 없이, 염려 없이 살아가려 힘쓰고 있다. 그런데 왜 우리는 세상 사람들처럼 걱정과 염려 속에 살고 있을까? 우리의 믿음이 부족해서일까? 어찌 보면 믿음이 부족해서라기보다는 믿음의 지혜가 부족해서가 아닐까?

우리가 믿음을 의지해서 걱정을 하지 않으려 해도 어찌할 수 없이 걱정이 되는 까닭은 걱정이 그토록 염려하는 내일이 없음을 믿음의 안목으로 보지 못하기 때문일 것이다. 아

직 오지 않은 내일이 있다고 착각하는 한 걱정은 끝나지 않는다.

내일과 걱정은 동전의 앞뒷면과 같다. 내일이라는 동전의 앞면을 붙들면 걱정이란 동전의 뒷면은 절로 따라와 붙들게 된다. 따라서 진정 걱정하지 않는 삶을 살기 위해서는 걱정이 기대고 있는 내일이 실재하지 않음을 깨달아야 한다. 그때 절로 걱정은 사라진다.

내일은 없다. 내일을 살아본 사람은 아무도 없다. 아직 오지 않은 내일은 우리의 생각과 관념 속에 있을 뿐 실재하지 않는다. 다만 지금 이 순간만 실재할 뿐 이미 지나간 어제도 없고, 아직 오지 않은 내일도 없다. 내일이 없으니 걱정도 없다.

우리 인생은 변함없이 오늘만을 산다. 아니, 지금 이 순간만을 산다. 후회할 어제도 없고 걱정할 내일도 없는, 늘 변함없는 오늘의 삶에는 무엇 하나 바랄 것 없는 자족만 있으니 어찌 염려가 있겠는가? 주님의 은혜는 늘 지금 여기 충만하다.

"그들이 부르기 전에 내가 응답하겠고 그들이 말을 마치기 전에 내가 들을 것이며"(사 65:24).

엉뚱한 은혜

우리 집에는 나와 12년을 함께한 닉쿤이라 불리는 멋진 백구가 있다. 어찌나 나를 좋아하는지 지금껏 긴 꼬리가 안 떨어지고 달려 있는 게 신기할 정도다. 오늘도 나를 보고 꼬리를 흔든 게 적어도 천 번은 넘지 않을까 싶다.

외출 후 집에 오면 언제든 달려 나와 내게 안기며 세상을 다 가진 행복한 눈으로 나를 똘망똘망 쳐다보는 닉쿤, 그리고는 지친 나를 위로하듯 혓바닥을 내밀어 내 손바닥을 따듯하게 핥아준다.

낮이든 밤이든 나를 진심으로 반겨주는 백구 닉쿤을 볼 때면 몹시도 주님 앞에 부끄러워지곤 한다. 그런 날이면 닉쿤이 주인인 나를 마냥 좋아하듯 내 주님 되신 예수님을 순전하게 좋아한 적 있는지 절로 반성이 된다.

오늘 닉쿤과 마당에서 재밌게 공놀이하던 중, 문득 닉쿤이 하나님 같다는 생각이 들었다. 두 귀를 쫑긋 세우고 내게 모든 주파수를 맞춘 채 나만을 졸졸 따라다니는 닉쿤을 보며, 죽기까지 나를 좋아하시는 하나님이 엉뚱하게 생각났다.

그 순간, 나는 조금도 망설이지 않고 백구 닉쿤이 소시지보다 더 좋아하는 동네 산책을 한 바퀴, 아니 두 바퀴 동행해 주었다. 엉뚱한 은혜를 내게 가져다준 닉쿤에게 오래도록 고마운 봄날이었다.

"내 하나님이여 내 하나님이여 어찌 나를 버리셨나이까 어찌 나를 멀리하여 돕지 아니하시오며 내 신음 소리를 듣지 아니하시나이까 내 하나님이여 내가 낮에도 부르짖고 밤에도 잠잠하지 아니하오나 응답하지 아니하시나이다"(시 22:1-2).

응답 없는 하나님

우리는 기도할 때마다 하나님께서 우리의 간구를 하나도 빠짐없이 모두 들어주시기를 원한다. 반면, 우리의 기도와 간구에 하나님의 응답이 없을 때에는 하나님의 살아 계심과 우리를 향한 하나님의 사랑에 의심을 갖는다.

그런데 만약 하나님께서 우리 뜻대로 우리의 기도를 빠짐없이 모두 응답해 주신다면 우리 인생은 진실로 행복해질까? 우리 바람대로 우리의 간구에 하나님께서 능하신 손길로 모두 채워 주신다면 우리 삶에 진실로 기쁨이 넘쳐날까?

아마 우리는 욕심껏 구하여 탐욕의 배를 가득 채울 것이고, 그것도 모자라 끝내는 우리 자신이 하나님의 자리에 앉아 사탄의 앞잡이 노릇으로 인생을 탕진할 게 뻔하다. 얼마나 간악하고 추악한 저주인가. 생각만 해도 아비규환이다.

우리를 누구보다 사랑하시는 하나님은 우리의 사소한 일상의 기도라도 기뻐 들으시는 분이시다. 그런 하나님께서 진실로 우리의 하나님이 되시는 까닭은 어디에 있을까? 역설적이게도 우리 기도에 잘 응답해 주시지 않음에 있다 할

것이다.

 우리를 진실로 사랑하시는 하나님께서는 우리 기도에 함부로 응답해 주시지 않으므로 우리 자신이 붙들고 있는 어리석음과 욕심을 내려놓게 하신다. 그리하여 끝내는 십자가 앞에 우리 자신을 포기하게 하심으로 오직 예수로만 살게 하신다.

 그러므로 우리 기도에 응답하시는 하나님께 감사하되, 때때로 우리 기도를 외면하시는 하나님께 더욱 감사하자. 우리 기도에 응답하지 않으심으로 우리의 모든 기도에 응답하고 계시는 하나님의 그 미쁘신 사랑을 날마다 찬송하자.

"믿음으로 노아는 아직 보이지 않는 일에 경고하심을 받아 경외함으로 방주를 준비하여 그 집을 구원하였으니 이로 말미암아 세상을 정죄하고 믿음을 따르는 의의 상속자가 되었느니라" (히 11:7).

믿음의 방주

  진흙으로 지은 믿음의 방주는 결코 세상 유혹의 강물을 건널 수 없다. 세상의 재미와 즐거움을 만나면 그 믿음은 흔적 없이 슬슬 사라져 버린다.

  나무로 지은 믿음의 방주는 결코 세상 환난의 불바다를 건널 수 없다. 세상의 고난과 박해를 만나면 그 믿음은 한 줌의 재로 활활 타 버린다.

  황금으로 지은 믿음의 방주는 결코 세상 욕망의 용광로를 건널 수 없다. 세상의 재물과 권세를 만나면 그 믿음은 끓는 화염에 펄펄 녹아 버린다.

  오늘을 사는 노아의 후예들이여! 믿음의 방주를 짓거들랑 사라지고 타버리고 녹아버리는 진흙으로도 말고 나무로도 말고 황금으로도 짓지 말라.

  세상의 유혹과 환난과 욕망을 능히 견디고 끝내 이겨내는 믿음의 방주는 이미 예수 안에 지어졌나니, 순전한 믿음에 나의 생각을 덧대지 말라.

2부

봄

"그러나 내가 나 된 것은 하나님의 은혜로 된 것이니 내게 주신 그의 은혜가 헛되지 아니하여 내가 모든 사도보다 더 많이 수고하였으나 내가 한 것이 아니요 오직 나와 함께하신 하나님의 은혜로라"(고전 15:10).

답 없는 믿음

믿음의 여정은 답을 찾아 떠나는 여행이 아니다.

그럼에도 우리는 믿음의 답을 스스로 상정해 놓고 그 답을 성취하기 위해 늘 무엇이 되려고 하고, 무엇으로 살려고 하고, 그 답의 결과를 얻어야 비로소 자신의 믿음이 확증되는 줄로 착각해 왔다. 그래서 파랑새를 찾는 어리석은 사람처럼 있지도 않은 믿음의 답을 찾으려 얼마나 많은 세월을 방황했던가.

그대가 진정 예수를 믿는 사람이라면 가만 멈춰 서라.

그대의 모습 어떠하든 따로 믿음의 답은 없다. 지금의 그대 모습 그대로가 모두 믿음이요, 모두 답이다. 그대가 어떤 일을 하든, 어떤 상황에 있든, 어떤 위치에 있든 그것은 그대의 겉모습일 뿐, 그대의 진짜 모습은 예수 그리스도의 십자가의 은혜에서 한 치도 달라진 적 없고, 한 걸음도 벗어난 적 없다.

믿음의 여정은 숨겨진 보물을 찾는 보물찾기가 아니다.

우리의 모습 어떠하든, 돌에 맞아 순교하는 스데반처럼 믿음의 확신 가운데 있든, 부활의 주님을 믿지 못한 도마처럼 의심 가운데 있든 우리의 모습 그대로가 반짝이는 믿음의 보석이다. 믿음의 삶은 시작부터 끝까지 예수 그리스도의 십자가 은혜 안에 머물러 있기 때문이다.

"하나님 아는 것을 대적하여 높아진 것을 다 무너뜨리고 모든 생각을 사로잡아 그리스도에게 복종하게 하니"(고후 10:5).

마마보이

집안의 사소한 일까지 사사건건 엄마의 결정에 의존하는 마마보이 남편을 둔 아내의 심정은 어떨까? 생각만 해도 속 터지는 일 아닌가? 아내의 입장에서 보면 남편이랑 사는지, 시어머니랑 사는지 몹시 당황스러울 것이다.

신자 중에도 생각이란 엄마에 집착하는 마마보이가 적지 않다. 하나님과의 깊은 사귐 속에 그분의 뜻을 따라 담대한 믿음으로 살기보다는, 자기 생각의 속삭임에 꼼짝없이 조종당하는 마마보이 신자가 한둘이 아니다.

생각이란 엄마가 기뻐하면 기뻐하고, 생각이란 엄마가 슬퍼하면 슬퍼하고, 생각이란 엄마가 사랑하면 사랑하고, 생각이란 엄마가 미워하면 미워하고, 생각이란 엄마가 걱정하면 걱정하고, 생각이란 엄마가 불안하면 불안하고….

그대는 하나님의 말씀을 따라 사는가, 아니면 헛된 생각을 따라 사는가? 세세토록 변함없는 진리의 말씀이 서로 사랑하고 서로 용서하라 하는데도 변덕쟁이 생각이란 엄마가 미워하면 미워하는 마마보이 신앙을 그대는 가졌는가?

생각이란 허망하다. 하루에도 수만 번 변하는 생각은 믿을 만한 게 아니다. 잠깐 있다 사라지는 생각을 붙잡는 게 우상이다. 우상은 사람이 만들어 사람이 섬기는 것이다. 자신이 만든 생각을 붙잡으면 우상을 만들어 마음으로 섬기는 것이다.

그대여, 마마보이가 되지 말라. 육적으로나 영적으로나 생각이란 엄마에 쩔쩔매는 마마보이가 되지 말라. 맘껏 생각하되 그 생각에 머물지 말라. 강물처럼 흐르지 않는 생각은 썩어 냄새나는 우상이 되고 만다. 오직 말씀 앞에 순복하라.

"여호와는 나의 목자시니 내게 부족함이 없으리로다 그가 나를 푸른 풀밭에 누이시며 쉴 만한 물가로 인도하시는도다" (시 23:1-2).

부족함이 없도다

우리는 어릴 때부터 타인과 비교하며 살도록 교육을 받았다. 집에서는 형제들과, 학교에서는 같은 반 아이들과 비교하도록 강요 받았다. 그 결과 부지불식간에 우리 자신과도 스스로를 비교하는 데 이르렀다. 어제의 나보다 더 나은 내가 되려 했고, 지금의 나보다 더 나은 내일의 내가 되려 했다.

어느새 비교의식에 짙게 물든 나머지 우리는 누군가 정해 놓은 절대적 기준을 가지고 자기 자신을 끝없이 정죄하며 자책해 왔다. 그때마다 자기 자신을 한참 부족하고 못난 놈으로 스스로 규정지으며 좌절했다. 겉으론 아무렇지도 않은 것처럼 태연하려 애써보지만 그럴수록 더 절망이었다.

그렇다면 우리는 참으로 부족하고 못난 자인가? 아니다. 우리 모두는 세상에 둘도 없는 오직 하나뿐인 존재. 결코 누구와도, 무엇과도 비교할 수 없고 비교될 수 없는, 모두 홀로 존귀한 자다. 다만 죄의 어리석음으로 스스로에 대해 부족하고 못났다는 생각을 붙들고 자신을 학대할 뿐이다.

세상 사람도 그리할진대 하물며 그리스도인에게 부족함이 있으랴, 못남이 있으랴. 예수를 구주로 믿고 난 후 우리는 한 번도 부족한 적 없었고, 못난 적 없었다. 지금까지 그랬던 것처럼 영원토록 그리할 것이다. 우리 연약함을 십자가의 은혜로 온전케 하시는 하나님이 언제나 우리와 함께하시기 때문이다.

그럼에도 우리는 크신 은혜 안에 있으면서 과거와 미래를 넘나들며 지금 여기 현실의 나를 외면해 왔다. 자가면역질환자처럼 스스로를 부족하고 못난 자라고 늘 자책해 왔다. 이는 변함없이 신실한 말씀을 믿기보다 비교하고 분별하는 한 생각, 곧 사탄의 속삭임을 허망하게 믿어 온 탓이다.

구원에 이르는 참된 믿음은 생각으로부터 자유를 가져온다. 너와 나를 분별하고 선과 악을 판단하고 옳고 그름을 따져 묻는 한 생각으로부터 자유로워지는 것이 믿음의 권세다. 은혜 아닌 게 없는 믿음의 자리에는 부족함이 없다. 더는 생각을 좇아 비교하지 않고, 다만 바로 지금 충만한 만족을 누릴 뿐이다.

"너는 구제할 때에 오른손이 하는 것을 왼손이 모르게 하여 네 구제함을 은밀하게 하라 은밀한 중에 보시는 너의 아버지께서 갚으시리라"(마 6:3-4).

구제

　오른손이 하는 일을 왼손이 모르게 하라는 주님의 말씀은 구제와 같은 선한 일을 할 때 하나님 앞에 하는 것이므로 단순히 사람들 몰래 은밀하게 하라는 뜻은 아닐 것이다.

　오른손이 하는 일을 아무리 왼손이 모르게 하려 애쓴다 해도 현실적으로는 불가능하다. 오른손과 왼손은 한 몸의 지체이기에 서로의 일을 모를 리 결코 없기 때문이다.

　아무리 은밀하게 자신의 모든 것으로 가난한 사람들을 구제한다 해도 누구보다 자신에게만은 감출 수 없다. 그 결과 자신의 마음 깊은 곳에 자기 의가 있을 수밖에 없다.

　그렇다면 오른손이 하는 일을 왼손이 모르게 하라는 주님 말씀의 참뜻은 무엇일까. 선한 일을 할 때 다른 사람뿐 아니라 자기 자신까지도 모르게 하는 참된 길은 없을까.

　참 재미난 것은 주님의 비유에 힌트가 있는 듯하다. 오른손과 왼손은 이름이 다를 뿐 알고 보면 한 몸의 지체가 아니던가. 오른손이 아프면 왼손이 맘껏 어루만져 주되 왼손이

결코 자랑하지는 않는다. 한 몸의 한 생명이기 때문이다.

그러므로 우리의 구제와 섬김이 오른손과 왼손의 관계와 같이 한 몸의 원리에 따라 선한 일을 행할 때 우리는 그때 비로소 오른손이 하는 일을 왼손이 모르게 하는, 진실로 은밀한 구제를 하게 될 것이다.

부모가 자식에게 옷을 사주는 것이 결코 자랑이 될 수 없듯이 구제의 대상이 되는 사람을 한 몸의 지체로 고백할 때만이 다른 사람뿐 아니라 자신까지도 모르게 하는, 하나님이 기뻐 받으실 만한 참된 섬김이 되는 것이다.

"그러므로 누구든지 나의 이 말을 듣고 행하는 자는 그 집을 반석 위에 지은 지혜로운 사람 같으리니 비가 내리고 창수가 나고 바람이 불어 그 집에 부딪치되 무너지지 아니하나니 이는 주추를 반석 위에 놓은 까닭이요 나의 이 말을 듣고 행하지 아니하는 자는 그 집을 모래 위에 지은 어리석은 사람 같으리니 비가 내리고 창수가 나고 바람이 불어 그 집에 부딪치매 무너져 그 무너짐이 심하니라"(마 7:24-27).

반석 신앙

모래 위에 집을 짓는 일과 반석 위에 집을 짓는 일 중에 어느 쪽이 더 어렵고 힘든지 집을 지어 본 사람은 안다. 반석 위가 아닌, 비바람에 쉽게 무너지는 모래 위에 집 짓는 일이 훨씬 더 많은 시간과 수고가 필요하다는 건 자명한 일이다.

예수께서는 믿음의 집을 지을 때 모래 위가 아닌 반석 위에 짓는 지혜로운 자가 되라고 말씀하셨다. 구원에 이르는 신앙이 열심의 문제였다면 모래 위에 지으라 하셨을 터인데, 신앙은 토대의 문제이기 때문에 반석 위에 지으라 하신 것이다.

드넓은 바닷가에 셀 수 없이 많은 모래알이 있을지라도 그 알맹이 수만큼 모래는 갈라지고 쪼개지고 단절되어 있다. 그에 반해 가늠할 수 없을 정도로 아무리 크고 넓을지라도 반석은 따로 떨어져 있지 않고 오직 한 덩이로 연결되어 있다.

신앙생활은 어느 자리에서 하느냐에 따라 천지 차이다. 자기를 부인하고 자기 십자가를 지면서 우리를 구원하신 예수라는 반석 위에서 신앙생활을 하느냐, 아니면 자기와 자기 의라는 모래 위에서 신앙생활을 하느냐는 천지 차이다.

우리의 신앙은 예수와 단절되어 있는 모래알 같은 나로부터가 아니라, 예수 안에 있는 나로부터 시작되어야 한다. 죄로 인해 하나님과 분리된 나로부터가 아니라, 반석 되신 예수 그리스도 한 몸의 지체된 나로부터 시작되어야 한다.

처음 예수를 믿을 때 십자가에서 죽어버린 옛사람을 나로 여기며 신앙의 열심을 다한다면, 예수 안에서 거듭난 새사람이 되었으면서도 옛사람을 여전히 나로 고집하며 신앙의 수고를 다한다면 모래 위에 집 짓는 것처럼 어리석은 일이다.

그럼에도 우리는 예수 안에서 형제와 하나 된 반석 위에서가 아니라, 예수와도 분리되고 형제와도 단절된 나를 만들어 모래 위에서 신앙생활을 하려 한다. 예수와 분리된 내가 예수를 사랑하려 하고 형제와 단절된 내가 형제를 사랑하려 한다.

우리는 예수를 믿음으로 하나님과 영원토록 분리될 수 없고, 형제들과 영원토록 단절될 수 없다. 예수 그리스도의 반석 위에서 세세토록 하나가 되었기 때문이다. 이제 나는 따로 없다. 예수 안에서의 나만 있고, 지체로서 나만 있다.

"또 여기 있다 저기 있다고도 못하리니 하나님의 나라는 너희 안에 있느니라" (눅 17:21).

밖과 안

사람은 누구나 행복을 소망한다. 행복을 얻기 위해 어떤 이는 재물을, 어떤 이는 권력을, 어떤 이는 명예를, 또 어떤 이는 사랑을 좇는다. 그런 것을 손에 쥐면 행복해지리라 절실히 기대한다. 하지만 밖에서 얻은 모든 것은 시간이 지나면 사라진다. 마음 또한 시들해진다. 그래서 더 절실함으로 또 다른 것들을 좇아 밖을 두리번거린다. 돌고 도는 인생살이다.

그러나 참된 행복은 우리 마음 밖에 있지 않다. 만약 우리가 참된 행복을 우리 마음 밖에서 찾는다면 바닷물을 마시는 것처럼 우리 마음은 더욱 불만족에 빠질 것이다. 그리할수록 목마름의 노예가 되어 부끄러움도 모르는 욕망과 어리석음으로 밖을 헤매고 다닐 것이다. 그러나 참된 안식은 우리 마음 밖 그 어디에도 없다.

행복은 하늘에 있지 않다. 안식은 바다에 있지 않다. 이미 우리 안에 행복과 안식은 충만하다. 보잘것없는 자신인 듯해도 믿음의 눈으로 바라보면 우리 안에 안식이 넘침을 알게 된다. 언제나 우리 안에 늘 계신 주님이 행복이요 안

식이다. 밖을 향하던 눈을 안으로 돌이킬 때 영원히 목마르지 않는 우물을 발견하게 될 것이다. 다시는 목마름이 없을 것이다.

"우리가 주목하는 것은 보이는 것이 아니요 보이지 않는 것이니 보이는 것은 잠깐이요 보이지 않는 것은 영원함이라" (고후 4:18).

눈 뜬 자

그대는 육의 사람인가? 아니면 영의 사람인가?

육의 사람은 자기 생각을 따라 자기 뜻대로 산다. 반면, 영의 사람은 하나님의 말씀을 따라 믿음으로 산다. 믿음은 보이지 않는 것을 보는 영의 눈이다. 영의 눈이 없는 육의 사람은 보이지 않는 영의 하나님을 볼 수 없기에 믿을 수 없다.

그대는 육의 사람인가? 아니면 영의 사람인가?

육의 사람은 눈에 보이는 것을 보고, 눈에 보이는 것을 참으로 여기며, 눈에 보이는 것을 위해 썩어지는 삶을 산다. 영의 사람은 눈에 보이지 않는 것을 보고, 눈에 보이지 않는 것을 참으로 여기며, 눈에 보이지 않는 것을 위해 영원한 삶을 산다.

그대는 육의 사람인가? 아니면 영의 사람인가?

그대는 혹 믿음으로 사는 영의 사람이면서도 보이지 않는 것을 보기보다는 영의 눈이 없는 육의 사람처럼 눈에 보이

는 것만을 보고 생각을 따라 시비 분별하며 살고 있지 아니한가?

혹 그대가 믿음으로 사는 영의 사람이라면, 다만 눈에 보이지 않는 하나님의 말씀을 등불로 삼고, 눈에 보이지 않는 그분의 나라를 위해 영의 눈으로 영원한 삶을 살라. 그리하면 날마다 주의 은혜를 보는 눈 뜬 자가 되리라.

"그런즉 누구든지 그리스도 안에 있으면 새로운 피조물이라 이전 것은 지나갔으니 보라 새것이 되었도다" (고후 5:17).

허깨비 옛사람

죄 아래 옛사람으로 태어난 우리는 예수를 믿은 후 성령으로 거듭나 새사람이 되었다. 새사람이 된 우리는 다만 새사람으로 살아갈 뿐, 죄를 짓는다고 다시 옛사람이 될 수는 없다.

그럼에도 우리는 십자가에서 죽은 옛사람을 한사코 나로 여기며 살아갈 때가 많다. 첫째는 사탄의 거짓에 속았기 때문이요, 둘째는 자신의 욕심에 눈이 멀었기 때문이다.

우리의 정체성이 새사람에 있지 않고 이미 십자가에서 죽어 없어진 허깨비 옛사람에 있다고 늘 착각하며 살도록 사탄은 여러 모양으로 우리를 현혹한다.

새사람 된 우리는 그리스도 안에 있는 나, 곧 그리스도의 몸 된 지체로서만 존재한다. 그런데 사탄은 옛사람인 나를 높이게 하므로 허깨비 옛사람이 따로 존재하는 것처럼 속인다.

내가 옳고 상대는 틀렸고, 나는 억울한 피해자고 상대는

나쁜 가해자로 생각하게 한다. 이로 인해 자기 연민과 자기 집착에 빠지게 함으로 새사람이 가진 한 몸의 사랑에 참여하지 못하게 한다.

새사람 된 우리에게 옛사람은 없다. 있다면 옛사람은 허깨비로 있을 뿐이다. 그리스도와 함께 옛사람은 십자가에 못 박혀 죽었나니, 거짓 영에 속지 말고 한 몸의 지체로서 다만 존재하라.

"그러므로 우리가 그의 죽으심과 합하여 세례를 받음으로 그와 함께 장사되었나니 이는 아버지의 영광으로 말미암아 그리스도를 죽은 자 가운데서 살리심과 같이 우리로 또한 새 생명 가운데서 행하게 하려 함이라"(롬 6:4).

생명 신앙

예수를 믿는다는 것은 단순히 죄만 용서를 받는 게 아니다. 예수와 함께 죽고 예수와 함께 살아남으로, 이제는 예수 밖에 있는 죽은 옛사람이 아니라 영원히 예수 안에 있는 영생의 새사람으로 거듭나는 것이다.

그러므로 예수를 믿는 자는 예수 안에서 은혜로만 살아가는, 더는 예수 밖에, 은혜 밖에 있을 수 없는 새사람이다. 이따금 자신을 예수 밖에 있는, 은혜 밖에 있는 옛사람이라 여길지라도 그것은 착각일 뿐 영생의 새사람으로 존재할 뿐이다.

예수께서 죽으신 것은 나를 위해 죽으신 것이 아니다. 예수께서 부활하신 것도 나를 위해 부활하신 것이 아니다. 예수께서 죽으신 것은 나를 끌어안고 함께 죽으신 것이다. 예수께서 부활하신 것도 나를 끌어안고 함께 살아나신 것이다.

이와 같이 하나님은 예수의 죽음이 우리의 죽음이 되게 하시고, 예수의 부활이 우리의 부활이 되게 하셨다. 그리하여 우리가 생명의 근원 되신 예수와 한 몸을 이루어, 다시는 죽음이 없는 예수 생명으로 영원한 지금의 삶을 살게 하셨다.

"한 입에서 찬송과 저주가 나오는도다 내 형제들아 이것이 마땅하지 아니하니라" (약 3:10).

혀를 길들이는 법

사람의 혀를 다스릴 자는 누구도 없다. 입안의 혀도 실수로 깨물듯 자신의 혀를 온전히 제어할 자는 없다. 수사자는 길들일 자가 있을지라도 세 치 혀는 길들일 자가 아무도 없다. 그래서일까? 우리네 인생의 팔 할은 말에 울고 웃는다.

성경은 혀를 길들일 자가 아무도 없다고 말하면서도 또 한편으로는 예수를 믿는 자라면 능히 혀를 길들일 수 있어야 한다고 가르친다. 한 샘에서 단물과 쓴물을 낼 수 없듯 한 입에서 찬송과 저주가 나올 수 없기 때문이다.

지난날 우리의 모습은 어떠했는가? 나름 선한 입으로 악한 말을 하지 않으려 애를 썼다. 하지만 좌절이 있을 뿐이었다. 혀를 길들이기 어렵다는 일반적인 명분을 핑계 삼아 하나님을 찬송하는 입술로 형제를 즐겨 판단하고 비방하였다.

그렇다면 왜 우리는 사랑의 말을 하기보다는 경쟁하듯 악한 말을 하며 부끄러운 신앙생활을 할까? 그것은 하나님 앞에 우리 자신이 누구인지를 분명코 고백하지 않고, 세상 사람처럼 윤리적 열심으로 혀를 길들이려 하기 때문일 것이다.

하나님의 자녀로서 살아가는 그대가 진실로 혀를 길들이고 싶거든 진실로 혀를 길들이려 애쓰지 마라. 다만 하나님 앞에서 자기 자신이 누구인지를 기억하라. 예수의 생명이 자신의 생명이요, 예수의 마음이 자신의 마음인 걸 자백하라.

우리 자신이 예수 생명으로 살고 우리 자신이 예수 마음을 가졌음을 기뻐 고백한다면 우리의 모든 말은 사람을 살리는 사랑의 말이 될 것이다. 예수 생명에서 저주의 말이 나올 리 없고, 예수 마음에서 악한 말이 나올 리 없기 때문이다.

"그러므로 모든 육체는 풀과 같고 그 모든 영광은 풀의 꽃과 같으니 풀은 마르고 꽃은 떨어지되 오직 주의 말씀은 세세토록 있도다 하였으니 너희에게 전한 복음이 곧 이 말씀이니라" (벧전 1:24-25).

꿈같은 인생

우리는 모든 것을 잃어버린다. 모든 사람과 헤어지고, 사랑하는 가족과 헤어지고, 끝내 자신과 헤어진다. 이와 같은 엄연한 현실을 거부할 자는 아무도 없다.

지혜자는 말한다. 헛되고 헛되며 헛되고 헛되니 모든 것이 헛되다고. 꿈에서 깰 때 꿈속 젓가락 하나 가질 수 없듯 인생이란 꿈에서 깰 때 모든 것을 잃어버릴 수밖에 없다.

그럼에도 우리 인생의 모습은 어떠한가? 누구나 예외 없이 아침 안개와 같은 허망한 삶에 집착하는 탐욕의 노예로 살아간다. 참으로 어리석다. 이는 죄와 허물로 눈먼 까닭이다.

진정 그대가 지혜로운 자라면 지금 당장 십자가 앞에 다 내려놓아라. 풀과 같은 몸뚱이도, 풀의 꽃과 같은 그대의 자랑과 영광도, 허망한 삶이라 여기는 생각도 다 내려놓아라.

그리하면 영생을 살리라. 살고자 하는 자는 먼저 죽어야 한다. 십자가 앞에 그대의 목숨까지 내려놓을 때 그대는 예수의 생명, 곧 모든 것을 얻게 된다.

"그가 이르되 날이 새려 하니 나로 가게 하라 야곱이 이르되 당신이 내게 축복하지 아니하면 가게 하지 아니하겠나이다 그 사람이 그에게 이르되 네 이름이 무엇이냐 그가 이르되 야곱이니이다 그가 이르되 네 이름을 다시는 야곱이라 부를 것이 아니요 이스라엘이라 부를 것이니 이는 네가 하나님과 및 사람들과 겨루어 이겼음이니라" (창 32:26-28).

사랑싸움

그 옛날 얍복강 나루터에서 하나님과 야곱이 씨름하여 누가 이겼는가? 야곱이 전능자 하나님을 이겼다. 왜 하나님이 한낱 연약한 인간에게 패하셨을까.

부모와 철없는 자식이 싸우면 누가 이길까? 그야 백전백승 자식이 이기고야 만다. 부모를 향한 자식의 사랑보다 자식을 향한 부모의 사랑이 크기 때문이다.

하나님과 철없는 우리와 싸우면 누가 이길까? 그야 천전천승 우리가 이기고야 만다. 하나님을 향한 우리의 사랑보다 우리를 향한 하나님의 사랑이 크기 때문이다.

세상의 싸움은 힘센 자가 이긴다. 하지만 사랑싸움은 그 옛날 야곱이 전능자 하나님을 이긴 것처럼 사랑이 작은 자가 큰 자를 이긴다.

하나님과 싸워 이긴 후 야곱의 남은 인생은 하나님께 붙들린 이스라엘이 되었다. 사랑싸움에선 지는 것이 끝내 이기는 것이기 때문이다.

우리가 하나님을 사랑하는 것보다 언제나 더 많이, 더 크게 우리를 사랑하시는 하나님은 우리에게 늘 패자가 되어 주신다. 그리하여 하나님은 진정한 사랑의 승자가 되시어 우리 인생을 끝내 복된 길로 이끄시고야 마는 것이다.

"나의 반석이시요 나의 구속자이신 여호와여 내 입의 말과 마음의 묵상이 주님 앞에 열납되기를 원하나이다"(시 19:14).

말편지

　기도는 하나님께 소리로 띄우는 말편지다. 편지를 쓸 때 겉봉투에 받는 이의 주소를 똑바로 기재하는 것은 내용 못지않게 중요하다. 편지 내용이 그 아무리 중요하고 감동스럽다 해도 받는 이의 주소가 틀렸다면 아무 소용없는 일이 되고 만다.

　말편지를 받으시는 하나님의 주소는 어디일까? 하나님은 편재하시는 분인 까닭에 어디에나 계시지 않는 곳이 없다. 따라서 하늘도 별들도 땅끝도, 하물며 바다 깊은 곳 어디라도 하나님의 주소가 되는 것이다.

　행여 우리가 깜박 잊고 주소를 쓰지 않아도 하나님께 전달되지 않을 말편지는 단 한 통도 있을 수 없다. 특별히 예수 그리스도의 십자가 구속이 이루어진 신약시대에는 우리 몸을 성전 삼고 우리 마음을 보좌 삼아 성령으로 임재해 계신 까닭이다.

　하나님께서 받으시는 말편지는 꼭 기도라는 형식을 갖춰야만 하는 건 결코 아니다. 우리 입의 말과 사소한 푸념과

우리 마음의 작은 생각과 묵상도 하나님이 기꺼이 열납하시는 기도가 된다. 하나님은 언제나 우리와 함께 진리의 영으로 계시는 임마누엘이 되시기 때문이다.

하나님의 주소는 우리 마음이다.

"너희 안에 이 마음을 품으라 곧 그리스도 예수의 마음이니 그는 근본 하나님의 본체시나 하나님과 동등됨을 취할 것으로 여기지 아니하시고 오히려 자기를 비워 종의 형체를 가지사 사람들과 같이 되셨고 사람의 모양으로 나타나사 자기를 낮추시고 죽기까지 복종하셨으니 곧 십자가에 죽으심이라"(빌 2:5-8).

되치기 고수

그 옛날 얍복강 나루터에서 야곱과 씨름하셨던 하나님은 알고 보면 되치기 기술의 고수셨다. 사탄이 첫 사람 아담을 유혹해 선악과 열매를 따 먹게 함으로 하나님과의 사랑을 끊으려 했을 때 하나님은 사탄의 공격을 그대로 되받아 십자가로 메쳐 쓰러뜨리셨다.

사탄은 아담 이래 하나님의 택하신 자녀들을 끝없이 미혹하여 죄와 사망의 자리로 넘어뜨려 왔다. 처음엔 사탄은 자신의 꾀가 성공한 줄 알았는데 아뿔싸 자신의 꾀에 자신이 당했다는 걸 차츰 알게 되었다.

놀랍게도 하나님은 죄 가운데 은혜를 넘치도록 더하여 예수님의 십자가로 당신의 사랑을 확증하시고 약속의 구원을 더욱 풍성히 성취해 내고야 마셨다. 되레 죄가 많은 곳에 하나님의 은혜가 넘치도록 사탄을 되치셨던 것이다.

지금도 사탄은 하나님의 택하신 자녀 된 우리를 끝없이 미혹하여 때론 죄 가운데 실제로 넘어뜨리기도 한다. 하지만 하나님은 그때마다 돌아온 탕자를 더욱 기뻐 반기시는

아버지의 더 크신 사랑으로 십자가의 구원을 신실하고도 충성스럽게 이뤄나가고 계신다.

그러므로 하나님의 택하심을 받은 그분의 자녀 된 우리 앞엔 두려움의 대상으로서 사탄과 마귀는 추호도 존재하지 않는다. 있다면, 우리의 머리털 하나도 건드리지 못하는 나약한 종이호랑이와 자기 꾀에 자기가 되치기 당하는 비웃음 대상으로서 존재할 뿐이다.

"오호라 너희 모든 목마른 자들아 물로 나아오라 돈 없는 자도 오라 너희는 와서 사 먹되 돈 없이, 값 없이 와서 포도주와 젖을 사라"(사 55:1).

갈한 심령

 마당 없는 교회에 사는 나로선 늘 꽃과 나무가 그립다. 목양실 한편 크고 작은 화분에 식물을 키우며 아쉬운 마음 달래고 있다. 그런 내가 안쓰러웠을까? 이따금 겨울 철새는 끼룩끼룩 떼 지어 날며 하늘에도 푸른 정원이 있다는 걸 상기시켜 준다.

 여러 화초를 돌보는 내게 가장 힘든 일이 있다면 짧게는 일주일, 길게는 이주일 동안 식물에 한 모금의 물도 주지 않고 매정하게 버티는 일이다. 어릴 적 자주 듣던 어머니 말대로 정에 약한 나에겐 여간 힘든 일이 아닐 수 없다.

 돌팔이 의사가 사람을 잡는다 했던가. 정든 몇 그루의 화초를 떠나보내고 나서야 깨달은 바가 크다. 대부분 실내에서 키우는 식물이 죽게 되는 건 물이 부족해서가 아니라 되레 많은 양의 물로 뿌리가 썩어 결국 말라 죽는다는 사실을 알게 되었다.

 살아 있는 모든 생명이 그러하듯 내적 갈망이 없는 외적 풍요는 복이 아닌 독이 되어 스스로를 망가뜨린다. 화분 밑

바닥까지 흙이 바짝 말라 타는 목마름을 안고 온 뿌리로 한 방울의 물을 찾아 헤맬 때, 그때 만나는 물이 비로소 단비가 되고 생명수가 된다.

이 세상의 그 누구보다 자녀 된 우리에게 복 주시기를 기뻐하시는 분이 하나님이실진대 왜 우리는 하늘의 복을 누리지 못하는 것일까? 하나님께서 우리의 삶에 풍성한 복을 더디 주시는 건 우리 심령에 영생을 향한 목마름이 없기에 행여 복이 독이 될까 주저하시는 건 아닐까?

"아무것도 염려하지 말고 다만 모든 일에 기도와 간구로, 너희 구할 것을 감사함으로 하나님께 아뢰라 그리하면 모든 지각에 뛰어난 하나님의 평강이 그리스도 예수 안에서 너희 마음과 생각을 지키시리라"(빌 4:6-7).

나는 생각을 믿지 않습니다

나는 하나님 아버지를 믿기보다는
하나님 아버지에 대한 나의 생각을 믿었습니다

나는 예수 그리스도를 찬양하기보다는
예수 그리스도에 대한 나의 감정을 찬양하였습니다

나는 보혜사 성령을 갈구하기보다는
보혜사 성령에 대한 나의 느낌을 갈구하였습니다

나는 진리의 말씀을 따르기보다는
진리의 말씀에 대한 나의 이해를 따랐습니다

오, 주님이시여! 주님을 사랑하기보다는
나의 생각을 사랑했던 어리석음을 용서하소서

어둔 마음을 찢고 엎드려 눈물로 참회하오니
다시는 생각을 믿지 않도록 지혜를 주옵소서

하루에도 수백 번 수만 번 변하는 생각이 아닌
영원한 지금, 주님 사랑 안에 머물게 하소서

3부

여름

"사람이 만일 온 천하를 얻고도 제 목숨을 잃으면 무엇이 유익하리요 사람이 무엇을 주고 제 목숨과 바꾸겠느냐"
(마 16:26).

소중한 나

내가 없는 세상은 내게 아무 의미 없다. 세상의 모든 것을 소유한들 내가 없으면 내게 아무 유익이 없다. 세상에 평화가 넘쳐난들 내가 평화하지 않으면 내게 아무 소용없다.

만약 내가 없었다면 하나님의 독생자 예수님이 2천 년 전 이 땅에 사람의 몸을 입고 오시지 않았을 것이고, 행여 내가 없었다면 독생자 예수님이 십자가를 지시지 않았을 것이다.

하나님께서 세상을 창조한 이래 가장 위대한 일은 내가 태어나 지금 존재하는 것이요, 그리스도께서 구속을 이루신 이래 가장 영광스러운 일은 내가 구원의 은혜로 평화하는 것이다.

지금 인생의 어둔 뒤안길에서 자신의 못남과 초라함으로 울고 있을 그대여, 진실로 그대는 소중하다. 그대가 있음으로 아침 해는 떠올랐고, 그대가 평화하여 들판에 꽃은 피었다.

"미쁘다 모든 사람이 받을 만한 이 말이여 그리스도 예수께서 죄인을 구원하시려고 세상에 임하셨다 하였도다 죄인 중에 내가 괴수니라"(딤전 1:15).

죄인이 되려거든

죄인이 되려거든 진짜 죄인이 돼라.

진짜 죄인은 진실로 죽어 어떤 변명도 할 수 없으나 어설픈 죄인이 되니까 마음에 남은 쓴 뿌리로 인생이 시끄럽다. 자신에게 기대할 게 조금이라도 남아 있는 한 참다운 죄인이 되지 못하고 펄펄 살아 자기 의를 내세울 수밖에 없다.

죄인이 되려거든 죄인 중에 괴수가 돼라.

죄인 중에 괴수라는 사도 바울의 고백은 죄의 크기보다는 은혜의 크기를 말한다. 그래서 그는 하나님 앞에 가장 많은 은혜를 입은 자가 되어 가장 많은 이들을 사랑하였다. 적게 용서받은 자는 적게 사랑하고 많이 용서받은 자는 많이 사랑한다.

죄인이 되려거든 마음 가난한 죄인이 돼라.

주의 자비는 물과 같아서 낮은 곳으로 흐른다. 가장 낮은 자리에 엎드린 죄인에게 주의 긍휼은 풍성히 넘쳐난다. 온 세상의 물들이 바닥이 가장 낮은 바다로 쉼 없이 모여들듯, 마음 가난한 세리에게 오만 가지 주의 은혜는 흘러 충만하다.

"그러나 너를 책망할 것이 있나니 너의 처음 사랑을 버렸느니라 그러므로 어디서 떨어졌는지를 생각하고 회개하여 처음 행위를 가지라 만일 그리하지 아니하고 회개하지 아니하면 내가 네게 가서 네 촛대를 그 자리에서 옮기리라"(계 2:4-5).

처음 사랑

　세상 사람들은 하나님을 눈으로 볼 수 없다는 이유로 믿지 않는다. 실은 믿으려 해도 믿을 수가 없다. 영의 하나님을 볼 수 있는 영의 눈을 뜨지 못했기 때문이다. 반면, 구원받은 우리는 보이지 않는 영의 하나님을 믿음으로 볼 수 있는 영의 눈을 가진 까닭에 말씀을 따라 예수를 구주로 고백한다.

　누구든지 처음 예수를 믿을 때에는 보이지 않는 영의 하나님이 베푸시는 한량없는 구원의 은혜로 용서의 기쁨을 풍성히 누린다. 그래서 맘껏 회개의 눈물을 흘렸고, 맘껏 구원의 찬송을 불렀다. 비록 하나님은 볼 수 없으나 그분이 하신 약속의 말씀은 세세토록 변함없는 진리인 것을 믿기 때문이다.

　그런데 우리 모습을 보면 참 아이러니하다. 신앙생활을 하면 할수록 더욱 풍성히 하나님의 사랑을 맛보아 누려야 함에도 불구하고 되레 은혜 밖에 살고 있으니 모순이 아닐 수 없다. 영의 눈이 아닌 육의 눈으로 보이는 것만을 보고 교회와 지체를 판단하고 정죄하고 있으니, 처음 사랑을 잃

은 탓이다.

믿음으로 사는 그대여, 처음 사랑을 회복하라. 그대가 처음 예수를 만났을 때처럼 지금도 변함없이 매 순간 넘쳐나는 십자가의 은혜를 바라보는 영의 눈으로 살라. 그리하면 더는 이름과 모양에 속지 않는 영과 진리의 사람이 되어 주님의 교회를 겸손하게 섬기며 지체를 온유하게 사랑하리라.

"여호와께서는 사람의 생각이 허무함을 아시느니라"
(시 94:11).

황금똥

한 번쯤 변비에 걸려본 사람은 안다. 먹는 것보다 배설하는 게 어쩌면 더 중요하다는 사실을. 그래서일까? 하나님은 그 많은 색 중에 똥의 빛깔을 황금색이 되게 하셨는지 모르겠다.

심한 변비를 앓는 사람이 참 오랜만에 귀한 황금똥을 누었다 해도 그 황금똥을 고이 가슴에 품고 자는 법은 없을 것이다. 아무리 반갑고 빛나는 똥이라도 멀리 던져 버릴 것이다.

생각은 똥과 같다. 배설 없이는 건강한 삶이 불가능한 것처럼 생각 없이는 치매환자처럼 일상의 삶을 살지 못한다. 사람은 황금 없이는 살아도 생각 없이는 잠시도 살 수 없다.

사람에게 생각이 황금보다 귀하다 해서 생각을 붙잡으면 금세 냄새나는 똥이 된다. 그것도 있지 않은 허깨비 똥이 된다. 따라서 어떤 생각이든 집착 없이 똥처럼 버려야 한다.

생각은 잠시 생겨났다 곧 사라진다. 좋은 생각이든 나쁜

생각이든 모든 생각은 머무는 법이 없다. 그럼에도 생각을 붙잡으려 한다면 이는 허깨비를 붙잡으려는 어리석은 자와 같다.

그러므로 생각하라. 맘껏 생각하되 다만 붙잡지 말라. 생각은 허깨비 똥과 같아서 붙들면 역겨운 냄새를 풍기지만 붙들지 않으면 오고 가는 생각들로 우리 인생은 풍성하게 된다.

"이 모든 것 위에 사랑을 더하라 이는 온전하게 매는 띠니라 그리스도의 평강이 너희 마음을 주장하게 하라 너희는 평강을 위하여 한 몸으로 부르심을 받았나니 너희는 또한 감사하는 자가 되라"(골 3:14-15).

분별의 마음

잔잔한 시냇물이 계곡물처럼 사납게 흐른다면 시냇물이라 할 수 있을까? 귀여운 고양이가 호랑이처럼 덩치가 크다면 아이들이 좋아할까? 자연 만물은 자기다울 때 가장 아름답다. 시냇물은 시냇물다울 때, 고양이는 고양이다울 때 가장 아름답다.

사람도 마찬가지다. 사람이 가장 아름다울 땐 완벽할 때가 아니다. 가장 자기답고 개성이 넘칠 때 가장 아름답다. 개성 넘치는 삶을 방해하는 것은 어제의 나와 지금의 나를, 미래의 나와 지금의 나를, 다른 사람과 나를 비교하는 마음이다.

인생은 저마다 자신의 색깔과 자신의 걸음걸이로 살아낼 때 별처럼 빛난다. 신앙 또한 그렇다. 나는 믿음의 조상 아브라함도 아니고 나는 나다. 나는 세례 요한도, 사도 바울도 아니고 나는 나다. 주님이 나를 나로 지으셨기에 나는 나일 뿐이다.

비교의식은 분별하는 마음에서 생겨난다. 너와 나를 나누

고 분별하는 한 비교는 멈추지 않는다. 따라서 비교하고 분별하는 생각으로부터의 진정한 해방은 너와 내가 따로 없고, 서로가 한 생명이요 한 몸의 지체 됨을 깊이 깨닫는 데 있다.

사탄은 하나님과 우리를 죄로 산산이 쪼개고 갈라놓았지만 예수님은 십자가의 보혈로 씻기고 싸매어 하나님과 화목하게 하셨다. 그리하여 한 성령 안에서 예수를 믿는 우리 모두를 한 생명과 한 몸과 한 권속과 한 형제가 되게 하셨다.

그러므로 신앙생활을 하면서 서로 분별하는 것은 참으로 어리석은 일이다. 아무리 자식이 잘난들 부모는 자식을 부러워하지 않는다. 한 생명이기 때문이다. 오른손가락마다 금반지가 끼워진들 왼손은 질투하지 않는다. 한 몸이기 때문이다.

세상의 사랑은 내가 너를 사랑하는 분별의 일이기에 억지로 메는 무겁고 힘든 종의 멍에다. 하지만 예수의 사랑은 내 몸의 지체를 사랑하는 일이기에 가볍고 쉬운 기쁨의 멍에다. 예수 생명을 가진 자여, 다시는 종의 멍에를 메지 말라.

"네 짐을 여호와께 맡기라 그가 너를 붙드시고 의인의 요동함을 영원히 허락하지 아니하시리로다"(시 55:22).

걱정하는 게 죄다

신앙은 경건하되 심각해선 안 된다. 특히 교회생활을 할 때는 진지하지 않도록 주의해야 한다. 지나치게 심각하면 걱정하게 되고, 지나치게 진지하면 넉넉함을 잃고 옹졸하게 된다. 심각하면 생각이 경직되어 지나치게 자기를 주장하게 된다.

세상 사람이 걱정하는 건 참 어울리는 일이다. 그러나 신자에게 걱정은 전혀 맞지 않는 옷과 같다. 신자가 걱정한다는 건 참 어색한 일이다. 일생이 주의 손에 달렸고 모든 순간이 주의 은혜일진대 걱정으로 교회생활을 하면 되겠는가?

비록 겨자씨만큼 아주 작고 보잘것없는 믿음일지라도 나로부터가 아닌 하나님께로부터 나왔으니 생명의 참 믿음이다. 또한 교회는 사람의 집이 아닌 예수의 십자가 복음으로 세운 하나님의 집인 까닭에 음부의 권세도 건드리지 못한다. 고로 교회를 섬김에 있어 염려는 금물이다.

"곧 우리가 원수 되었을 때에 그의 아들의 죽으심으로 말미암아 하나님과 화목하게 되었은즉 화목하게 된 자로서는 더욱 그의 살아나심으로 말미암아 구원을 받을 것이니라"
(롬 5:10).

원수

하나님의 자녀 된 우리에게 요구되는 참다운 능력은 자신의 원수를 사랑하는 일이 아닐까 싶다. 만약 우리가 자기를 사랑하는 자를 사랑하고 자기를 미워하는 자를 미워한다면 세상 사람들과 조금도 다를 바 없다. 그래서 예수님은 구원받은 우리에게 진실로 원수를 사랑하라고 말씀하셨다.

세상에서 가장 미워하는 원수가 있다면 누구일까? 사람마다 다르고, 그때마다 다를 것이다. 그럼에도 모든 사람에게 공통으로 해당되는 가장 미운 원수는 자기 마음에 들지 않는 자기 자신이 아닐까 싶다. 그렇다. 우리는 그 누구도 아닌 우리 자신을 판단하고 미워하고 정죄하느라 수많은 밤을 지새웠다.

한때 하나님의 원수였던 그대여, 하지만 이제 십자가의 은혜로 하나님의 자녀 된 그대여, 세상에서 가장 미운 원수였던 그대를 아낌없이 사랑하여 독생자를 십자가에 내어주신 하나님을 본받으라. 아무리 그대 마음에 들지 않는 자신이라도 부족하면 부족한 대로 사랑하고 용납하라.

우리가 능히 원수를 사랑할 수 있는 것은 오직 은혜로 살기 때문이다. 세상에서 가장 미워하는 원수가 우리 자신일지라도 기꺼이 용서할 수 있는 것은 우리 안에 그리스도의 은혜가 샘솟기 때문이다. 자기 마음에 들지 않는 자신이 원수보다 미울지라도 자신을 사랑하라. 여기에 충만한 복이 있다.

"사랑은 여기 있으니 우리가 하나님을 사랑한 것이 아니요 하나님이 우리를 사랑하사 우리 죄를 속하기 위하여 화목 제물로 그 아들을 보내셨음이라 사랑하는 자들아 하나님이 이같이 우리를 사랑하셨은즉 우리도 서로 사랑하는 것이 마땅하도다"(요일 4:10-11).

사랑 거지

그리스도인은 사랑 거지가 아니다. 그럼에도 돈을 구걸하는 거지처럼 사랑을 구걸하는 그리스도인이 많다. 끝없이 하나님과 사람들에게 사랑받기를 바란다.

사랑이 없는 사람은 사랑을 구걸하되 자기를 증명하는 방식으로 구걸한다. 다른 사람들에게 자기가 얼마나 좋은 사람인지를 보여줌으로 인정을 받으려 한다.

그리스도인은 이미 하나님의 사랑을 가진 자다. 그리스도인의 삶은 하나님의 사랑을 구걸하는 자리가 아니라, 이미 얻은 십자가의 사랑을 더욱 깊이 알아가는 여정인 것이다.

그리스도인은 사랑을 구걸하는 자가 아니다. 아낌없이 사랑을 주는 자다. 사랑이 없는 세상을 향해 자기 안에 넘쳐나는 사랑을 나누는 자다.

"내 평생에 선하심과 인자하심이 반드시 나를 따르리니 내가 여호와의 집에 영원히 살리로다" (시 23:6).

부족함 없는 구원

우리를 구원하신 하나님은 부족함이 없는 분이시다. 부족함이 없는 하나님은 우리를 부족함 없이 구원하셨다. 우리가 힘쓰고 애써서 무언가를 마저 채워야 하는 구원이 아니라 처음부터 조금도 부족함 없는 구원을 주셨다.

설령 우리가 구원의 길을 가는 동안 넘어지고 실패하고 좌절에 빠질지라도 두려워하거나 불안해할 필요가 전혀 없다. 우리의 구원은 부족한 우리에게 속한 일이 아니라 다만 부족함 없는 하나님께 속한 일이기 때문이다.

우리 인생에 죄와 허물로 부족함이 많을지라도 우리를 구원하신 하나님의 선하심과 인자하심이 늘 우리 곁에 있어 우리의 부족함을 채우고도 남아 구원을 더욱 은혜 되게 하시고, 더욱 찬송 되게 하신다.

"우상의 제물에 대하여는 우리가 다 지식이 있는 줄을 아나 지식은 교만하게 하며 사랑은 덕을 세우나니" (고전 8:1).

덫

그리스도인이라면 누구나 빠지기 쉬운 덫, 한번 빠지면 쉽사리 빠져나오기 어려운 덫, 끝내는 죽음에 이르게 하는 덫, 그래서 생명 신앙에 가장 치명적 타격을 입히는 덫은 어떤 것일까? 그건 교만으로 촘촘히 엮어놓은 지식의 덫이 확실하다.

어떤 그리스도인이든 지식의 덫에 한번 빠져들면 매 끼니 교만의 밥을 먹으며 맹신의 음료를 마시게 되어 두 눈과 두 귀가 멀게 되는 것이다. 그래서 그 마음은 얼음보다 차가워져 주 예수의 사랑이라곤 일점일획도 찾지 않게 된다.

지식의 덫이 무서운 까닭은 사람을 살리고 사람의 관계를 사랑으로 회복하게 하는 생명의 말씀이 되레 사람을 죽이고 사랑의 관계를 파탄 내는 죽임의 근거로 적극 악용된다는 사실에 있다. 그렇게 피도 눈물도 없는 매정한 자리로 더욱 이끌어가기 때문이다.

옛날 바리새인들은 율법의 덫에 빠져 구원자 예수를 십자가에 못 박아 죽였고, 지난 교회 역사의 수많은 목사와 신학

자들은 교리의 덫에 빠져 다툼과 분쟁을 일삼았고, 오늘날 성도들은 알량한 성경 지식의 덫에 빠져 비판과 정죄를 사명으로 여긴 듯하다.

그러므로 생명 신앙을 누리기 원하는 신자라면 성경의 경고를 마음 깊이 새겨야 한다. 지식은 교만하게 하며 사랑은 덕을 세운다는 것을, 조금만 방심하면 나 역시 형제를 살리기보다 형제를 죽이는 데 생명의 말씀을 얼마든지 악용할 수 있다는 사실을 인정하고 늘 깨어 있어야 할 것이다.

"예수께서 신 포도주를 받으신 후에 이르시되 다 이루었다 하시고 머리를 숙이니 영혼이 떠나가시니라" (요 19:30).

역설의 은혜

바라는 동안 바라는 것은 없다. 구하는 동안 구하는 것은 없다. 꿈꾸는 동안 꿈꾸는 것은 없다.

행복을 바라는가? 행복은 없다. 기쁨을 구하는가? 기쁨은 없다. 자유를 꿈꾸는가? 자유는 없다.

행복을 바랄수록 불행이 있다. 기쁨을 구할수록 슬픔이 있다. 자유를 꿈꿀수록 구속이 있다.

무엇이든 바라지 마라. 무엇이든 구하지 마라. 무엇이든 꿈꾸지 마라. 그냥 그대로 쉬어라.

바라고 구하고 꿈꾸는 생각을 내려놓으라. 부족한 모습 이대로 은혜로 부족함 없음을 알리라.

"명절 끝날 곧 큰 날에 예수께서 서서 외쳐 이르시되 누구든지 목마르거든 내게로 와서 마시라 나를 믿는 자는 성경에 이름과 같이 그 배에서 생수의 강이 흘러나오리라 하시니 이는 그를 믿는 자들이 받을 성령을 가리켜 말씀하신 것이라(예수께서 아직 영광을 받지 않으셨으므로 성령이 아직 그들에게 계시지 아니하시더라)"(요 7:37-39).

목마름

예수님은 즐겨 예루살렘 성전 뜰에 서서 목마른 자들은 누구든지 내게로 와서 마시라고 외치셨다. 그러나 유대인들은 예수님께 나아오지 않았고, 그 배에서 흘러나오는 생수의 강에 목마름을 해갈하지 않았다.

유대인들은 왜 그토록 기다리던 메시아의 음성을 듣고도 예수님께 나아가지 않았을까? 오히려 성령의 강을 약속하신 하나님의 아들을 왜 십자가에 매달아 죽여야만 했을까? 그것은 유대인에겐 목마름이 없었기 때문이다.

구원과 영생을 주시는 그리스도 예수 앞에 유대인들은 목마르지 않았다. 그들에겐 율법과 성전이 있었고, 선민의식과 자존심이 있었고, 누구보다 하나님을 향한 열심이 있다는 이유로 자복함과 애통함이 없었다.

오늘날 우리는 어떤가? 유대인처럼 자기 의와 자기 열심에는 목마를지언정 정작 하나님에 대하여는 목마르지 않다. 그리하여 은혜의 강물이 아닌 바닷물로 해갈을 반복하는 어리석은 신앙에 이르고 말았다.

신앙은 목마름이다. 예배와 기도, 봉사와 같은 종교적 행위와 열심을 향한 목마름이 아니다. 우리의 예배를 받으시고 기도를 들으시는 하나님과 우리를 죄로부터 깨끗게 하시는 예수님을 향한 목마름이 신앙이다.

"너희 중에 병든 자가 있느냐 그는 교회의 장로들을 청할 것이요 그들은 주의 이름으로 기름을 바르며 그를 위하여 기도할지니라 믿음의 기도는 병든 자를 구원하리니 주께서 그를 일으키시리라 혹시 죄를 범하였을지라도 사하심을 받으리라" (약 5:14-15).

안수기도

　인생길이 몹시 지치고 힘들 때, 그래서 누군가에게 기도로 위로를 받고 싶거든 성령 충만한 목사를 찾아가지도 말고 능력의 종이라 소문난 기도원 원장을 찾아가지도 말라.

　지치고 힘든 당신의 마음을 하늘의 위로로 감싸며 일으키는 능력의 기도는 당신을 가장 사랑하는 사람에게, 또는 당신이 가장 사랑하는 사람에게 받는 기도다. 그의 기도가 당신을 살릴 것이다.

　기도의 참된 능력은 사람의 됨됨이나 사람의 실력으로부터가 아니라 주님의 십자가 사랑으로부터 역사한다. 오직 십자가의 그 사랑이 당신의 마음에 새 생명을 부어 주리라.

"근심하는 자 같으나 항상 기뻐하고 가난한 자 같으나 많은 사람을 부요하게 하고 아무것도 없는 자 같으나 모든 것을 가진 자로다"(고후 6:10).

심각이라는 병

믿음은 죽음처럼 어둡고 심각한 것이 아니다. 해처럼 밝고, 포도주처럼 즐겁고, 수다처럼 유쾌한 것이다.

그러나 사탄은 우리의 믿음을 자꾸 어둡고 심각한 쪽으로 끌고 간다. 그래서 마음의 기쁨과 평안을 빼앗아간다.

믿음은 무덤에 누우신 예수님이 아니라 죽음을 이기신 예수님을 믿는 일이기에 우리의 믿음은 승리요 축제다.

당신의 믿음이 너무 진지해 포도주의 기쁨이 사라졌다면 사탄의 꼬임에 빠져 심각이라는 병에 걸린 게 분명하다.

사탄의 심각한 속삭임에 속지 말자. 이미 세상을 이기신 주님이 주시는 평안을 누리는 게 믿음이란 걸 잊지 말자.

믿음의 길은 자기 십자가를 지되 기쁨으로 지고 가는 길이다. 주님과 함께 먹고 기도하고 춤추며 가는 길이다.

"하나님의 나라는 말에 있지 아니하고 오직 능력에 있음이라" (고전 4:20).

하나님 나라

우리는 예수를 믿음으로 하나님 나라의 거룩한 백성이 되었다. 육신을 입고 살면서 하늘의 뜻을 이 땅에 이뤄가는 거룩한 나라의 백성이 되었다. 주님의 말씀으로 이루어지는 통치와 성령의 인도하심을 기뻐하고 노래하는 영광 나라의 삶이 되었다.

세상 나라는 무능한 사람이 세워가는 나라다. 따라서 말만 잡초처럼 무성할 뿐 말이 능력의 열매가 되지 못한다. 그러나 하나님 나라는 말씀이 성취되는 능력의 나라다. 전능하시고 신실하신 하나님이 왕이 되시는 나라이기 때문이다.

이제 우리는 하나님의 다스림을 받는 믿음의 백성이 되었다. 말잔치로 끝나는 사기꾼의 나라가 아니라 말씀을 지금 여기에 당장 능력으로 나타내는 하나님의 뜻이 실현되는 나라에 살고 있다. 이제 우리는 말이 아닌 능력에 속한 자가 되었다.

살아 계신 하나님이 통치하시는 그의 나라는 언제나 지금 여기에 전능하신 능력으로 실재하고 있다. 특히 그리스

도의 십자가 사랑과 용서의 능력은 그의 나라를 살아가는 우리 모두에게 지금 당장 여기에 넘치도록 강력하게 행사되고 있다.

그런데 우리는 하나님 나라의 백성답게 능력으로 살아가기보다 공허한 말만 난무하는 무능력 속에 살고 있다. 늘 당장에 나타나는 십자가의 사랑으로 살기보다 관념의 말에 갇혀 생각의 종으로 살고 있으니 미움과 정죄의 삶은 당연하다.

거룩한 나라의 백성 된 그대여, 바로 지금 바로 여기 넘쳐나는 그리스도의 십자가 능력으로 살아가라. 당장 살아 역사하는 말씀의 은혜를 매 순간 맛보며 살아가라. 일흔 번씩 일곱 번이라도 용서하시는 그 능력의 사랑 가운데 살아가라.

"이는 너희가 죽었고 너희 생명이 그리스도와 함께 하나님 안에 감추어졌음이라 우리 생명이신 그리스도께서 나타나실 그때에 너희도 그와 함께 영광 중에 나타나리라"(골 3:3-4).

새사람의 노래

이제 나는 따로 없습니다
예수 안에 나만 있을 뿐입니다

이제 나는 예수께 나아갈 수 없습니다
이제 나는 예수를 사랑할 수 없습니다

예수께 나아갈 내가 있다면
아직 나는 예수 밖에 먼 데 있는 것이고

예수를 사랑할 내가 있다면
아직 나는 사랑 밖에 먼 데 있는 것입니다

예수와 함께 십자가에서 죽은 나
예수와 함께 죽음에서 다시 살아난 나

이제 예수께 나아갈 나는 없고
이제 예수를 사랑할 나도 없습니다

이제 나는 따로 없습니다
예수 안에 나만 있을 뿐입니다

4부

가을

"항상 기뻐하라 쉬지 말고 기도하라 범사에 감사하라 이것이 그리스도 예수 안에서 너희를 향하신 하나님의 뜻이니라" (살전 5:16-18).

영원한 지금

하나님은 언제나 우리와 함께하신다. 하나님은 언제나, 바로 지금, 바로 여기 우리와 함께하신다. 하나님은 항상 쉬지 않고 범사에 우리와 함께하신다. 그래서 임마누엘의 하나님은 영원한 생명이시요, 영원한 현존이시요, 영원한 지금이시다.

하나님과 더불어 그의 백성으로 살아가는 우리 또한 영원한 지금의 존재다. 우리는 말과 생각으로만 있는 어제를 살아본 적도 없고, 말과 생각으로만 있는 내일을 살아본 적도 없다. 다만 임마누엘 앞에 지금 이 순간의 삶으로 살아갈 뿐이다.

하나님은 저 멀리 있는 분도 아니고, 어쩌다 특별한 때와 장소에만 찾아오는 분이 아니다. 하나님은 날마다 숨 쉬는 순간마다 우리와 함께 계시는 분이고, 언제나 지금 눈앞에 펼쳐진 현실에 말과 생각이 아니라 능력으로 함께하시는 분이다.

항상 기뻐하라는 것은 지금 이 순간이 기쁨의 자리인 것

을 알라는 것이고, 쉬지 말고 기도하라는 것은 지금 이 순간이 기도의 자리인 것을 알라는 것이고, 범사에 감사하라는 것은 지금 이 순간이 감사의 자리인 것을 알라는 것이다.

생각에 빠져 사는 자여, 회개하라. 하나님이 계신 영원한 지금으로 돌이키라. 어제의 날씨는 후회와 우울이고, 내일의 날씨는 걱정과 불안이고, 오늘의 날씨는 감사와 기쁨이다. 그리스도의 찬란한 생명의 빛은 영원한 지금의 하늘에서 빛난다.

"몸은 하나인데 많은 지체가 있고 몸의 지체가 많으나 한 몸임과 같이 그리스도도 그러하니라 우리가 유대인이나 헬라인이나 종이나 자유인이나 다 한 성령으로 세례를 받아 한 몸이 되었고 또 다 한 성령을 마시게 하셨느니라"(고전 12:12-13).

삶의 목적

우리는 무엇을 해야 하는 행위 이전에 존재다. 따라서 존재인 우리 삶의 목표는 다만 존재함이다. 존재는 이미 존재로서 우리에게 주어져 있으므로 그저 존재함이 삶의 목표다.

그런데 우리는 우리 자신이 이미 존재 그 자체인 것을 망각하고 이미 주어진 존재함을 풍성히 누리지 못한다. 어리석게도 다시금 어떤 존재가 되기 위해 헛된 수고를 다할 뿐이다.

예수를 믿는 우리의 존재는 바로 교회다. 이 땅의 모든 성도와 주님의 한 몸 된 교회의 지체로서 존재다. 한 성령으로 예수 그리스도 안에서 성도들과 하나 된 교회로서 존재다.

우리는 내가 따로 없는 교회로서 존재한다. 고로 우리 삶의 목표는 주님의 한 몸 된 교회로서 존재함이다. 이미 주님께서 이루어 놓으신 한 몸의 지체로서 존재함이 삶의 목표다.

그런데 우리 모습은 어떠한가? 하나님의 은혜 가운데 한

몸의 교회로서 이미 존재함으로 살면서도 엉뚱하게도 율법적 삶의 목적을 쓸데없는 생각으로 만들어 삶이 고통받고 있다.

생각에 속지 말 일이다. 이름이 다르고 생김새가 다르고 성격이 다르고 사는 곳이 다르다 해도 교회의 지체로서 우리는 떨어진 적 없다. 교회로서 존재함을 다만 생각이 거부할 뿐이다.

우리 삶의 목적이 교회로서 그저 존재함이란 걸 깨닫는다면 평화가 강같이 넘쳐나리라. 다만 생각에 속지 않는다면 존재 자체만으로 아름답고, 존재함에 이미 부족함 없음을 알리라.

"하나님의 나라는 먹는 것과 마시는 것이 아니요 오직 성령 안에 있는 의와 평강과 희락이라" (롬 14:17).

텃밭을 얻다

은파 호숫가 뽕나무집 아래 네 평 남짓 텃밭을 얻었다. 오늘 온유구역 대심방을 마친 후 구시장에 가서 상추와 깻잎 모종을 옮겨 심었다. 살다 보면 뜻하지 않게 좋은 사람을 만나 꿈을 이룰 때가 있다. 생채식에 더욱 힘쓰고 운동에 더욱 힘쓰라는 하늘의 뜻이 아닐까 싶다.

설렘을 안고 집으로 돌아오는 길, 노을로 물든 서쪽 하늘이 황토빛 텃밭 같았다. 문득, 하늘나라 은혜의 강가에도 나의 텃밭이 있을까 하는 생각이 들었다. 있다면 온유한 상추와 겸손한 깻잎이 자라나고, 기쁨의 호박도 넓은 잎에 숨어 둥글둥글 자라나면 좋겠다.

하나님의 나라는 먹는 것과 마시는 것이 아닌 까닭에 예수를 믿고 소유한 천국의 텃밭에는 죽을 때 가져갈 수 있는 영원한 것만이 자라나고 있을 것이다. 인생의 가을에 부끄럽지 않도록 성령 안에 있는 의와 희락과 화평을 나의 텃밭에 부지런히 심고 가꿀 일이다.

"이르시되 아버지여 만일 아버지의 뜻이거든 이 잔을 내게서 옮기시옵소서 그러나 내 원대로 마시옵고 아버지의 원대로 되기를 원하나이다 하시니"(눅 22:42).

기도의 사람

신자는 기도하는 사람이 아니라 기도의 사람이다. 기도는 삶과 분리된 신앙의 한 형태가 아니라 삶 그 자체다. 그래서 성경은 어떤 정해진 틀과 시간에 기도를 규정짓지 않고, 호흡과 같이 쉬지 말고 기도하라고 권면하는 것이다.

신자의 기도는 가만히 서는 것이고, 두 손을 높이 드는 것이다. 자신의 생각과 힘으로 살던 분주한 마음을 멈추고 모든 걸 하나님 앞에 항복하는 것이다. 기도는 철저히 자기를 포기하되 자기가 기도한다는 것까지 포기하는 거룩한 삶이다.

우리가 세상과 인생의 문제 앞에 기도로서 가만히 있는 것은 가장 소극적인 자세가 아니라 가장 적극적인 자세다. 온전히 하나님을 신뢰하지 않고 어찌 가만히 있을 수 있겠는가? 그래서 기도의 절정은 십자가에 잠잠히 죽는 순교라 하겠다.

하나님 앞에 기도하는 사람은 밀가루 가득한 구멍 난 포대를 등에 지고 길을 걷는 자와 같다. 날마다 욕심 가득한

포대를 등에 지고 기도로 나아갈 때 뚫린 구멍으로 조금씩 자기 생각과 자기 탐심이 빠져나감으로 평안한 삶을 살게 된다.

신자의 기도는 가만히 있는 것이다. 잠잠히 십자가를 지는 것이다. 하나님을 온전히 신뢰함으로 예수와 함께 묵묵히 죽는 것이다. 그래서 예수로만 사는 것이다. 신자의 기도는 매 순간 자기 생각을 내려놓고 가만히 주님을 따르는 것이다.

"예수께서 돌이켜 그를 보시며 이르시되 딸아 안심하라 네 믿음이 너를 구원하였다 하시니 여자가 그 즉시 구원을 받으니라" (마 9:22).

간절함

신자는 오직 은혜로 사는 자다. 신자의 삶은 오직 은혜의 삶이다. 오직 은혜란 은혜 아닌 게 하나도 없는, 오직 은혜뿐이라는 뜻이다. 그러므로 예수를 믿는 신자는 물고기가 물을 떠나 살 수 없듯 주님의 은혜를 떠나 한순간도 살 수 없다.

어떤 이들은 오직 은혜라는 말을 들으면 반문을 한다. 그럼 우리가 할 것이라곤 아무것도 없으니 마냥 가만히 있는 게 신앙이냐고 묻기도 한다. 그러나 우리는 진짜 은혜로 산다. 우리 구원과 구원 이후의 일거수일투족이 오직 은혜다.

하나님의 은혜는 믿는 자에게 필연코 간절함을 가져온다. 은혜와 간절함이 서로 모순된 듯하나 결코 모순되지 않는다. 우리 믿음에 간절함이 없으면 이미 우리 안에 주어진 풍성한 은혜를 깨닫지 못할 뿐더러 그 은혜를 누리지도 못한다.

은혜는 간절한 마음에 피는 꽃과 같다. 은혜로 살면서 간절함이 없으면 삶의 참모양은 보지 못한 채 드러난 겉모양

을 전부로 여기는 어리석은 인생이 된다. 이는 자신의 통장에 백억이 있음에도 까마득히 모르고 남루하게 사는 것과 같다.

간절함은 은혜를 보는 눈이다. 은혜를 사모함이 간절하면 자신을 둘러싼 모든 게 은혜임을 알게 되고, 밥 먹고 똥 싸고 잠자는 사소한 일상이 은혜임을 고백하게 되고, 아침의 새소리와 한낮의 졸음과 저녁의 바람도 은혜임을 찬송케 된다.

예수님은 때로 네 믿음이 너를 구원하였다고 말씀하셨다. 이는 믿음에 있어 간절함이 얼마나 중요한지를 보여주는 것이다. 은혜의 선물로 주신 믿음을 마치 내 힘과 수고로 얻은 것처럼 여겨 주심은 전적으로 은혜를 향한 간절함 때문이다.

오직 믿음으로 사는 은혜의 사람아, 다만 간절하라. 간절히 은혜를 구하고, 간절히 은혜를 찾고, 간절히 은혜의 문을 두드리라. 그대의 몸과 마음과 삶에 이미 은혜가 넘쳐나고 있음을 깨닫게 되리라. 은혜의 보물은 간절한 눈에 발견된다.

"사랑은 언제까지나 떨어지지 아니하되 예언도 폐하고 방언도 그치고 지식도 폐하리라"(고전 13:8).

성령과 은사

우리는 성령을 사랑한다기보다 어쩌면 성령을 부러워하고 있는지 모른다. 진리의 영이신 성령을 마음 다해 사모하며 깊은 사귐을 누리기보다 성령이 가진 능력이나 은사를 갖고 싶어 마냥 부러워하는 철부지 신앙은 아닌지 돌아볼 일이다.

기독교는 성령의 은사를 믿는 신앙이 아니라 은사를 주시는 성령을 믿는 신앙이다. 성령이 성도에게 주시는 거룩한 선물이 은사라 해도 생겨났다 사라지는 게 믿음의 대상일 수 없다. 참된 믿음의 대상은 영원하신 성령 하나님이신 것이다.

우리가 성령의 은사를 구하여 주님의 교회를 풍성하게 섬기는 일은 복되고 아름다운 일이다. 특별히 다양한 은사 중에서 더욱 큰 은사인 십자가의 사랑을 구하는 일은 신자에게 진실로 유익하다. 십자가 그 사랑은 영원하기 때문이다.

사랑은 은사가 아니다. 사랑은 모든 은사를 은사 되게 하는 은사의 본질이다. 예언도 폐하고 방언도 그치고 지식도

폐하지만 사랑은 언제까지나 떨어지지 않는다. 우리를 구원하신 하나님은 참사랑이시고, 그 참사랑은 영원하시다.

그대가 만일 십자가의 사랑을 덧입은 자라면 주님의 교회를 참되게 섬기기 위하여 마음껏 필요한 성령의 은사를 구하라. 허나 한 가지를 기억하라. 그대의 모든 은사에 사랑이 없으면 아무 유익이 없다는 것을. 그러므로 사랑을 더욱 구하라.

"또 아비들아 너희 자녀를 노엽게 하지 말고 오직 주의 교훈과 훈계로 양육하라" (엡 6:4).

자식은 고난이다

하나님은 우리를 선하고 복된 길로 인도하시되 고난을 통해 더욱 그리하신다. 하나님은 완악하고 이기적인 우리 인생을 고난을 통해 하나님의 사람으로 빚어 가신다. 그래서 성경은 고난을 유익이라 가르친다.

하나님은 우리 삶에 여러 모양으로 고난을 주시되 특별히 자녀를 통해 고난의 복을 허락하신다. 소수의 사람을 제외하곤 누구든 부모가 되게 하심으로 거부할 수 없는 자녀라는 이름의 고난을 감당하게 하신다.

모든 자식은 부모에게 아픈 손가락이며 고난의 자식이다. 완악하고 이기적인 우리가 부모로서 자식에게만큼은 무조건적 사랑으로 고난을 감내하게 하심으로 하나님은 우리를 하나님의 사람다운 모습으로 이끌어 가신다.

우리는 부모가 자식을 위해 희생하고 때론 손해 본다는 통상적인 생각을 버려야 한다. 부모 된 우리가 자식으로 인해 겪는 고난을 통해 정금같이 순전한 인생이 되는 줄 알고 자식에게, 더욱 못난 자식에게 고마워해야 한다.

나밖에 모르는 우리가 오른뺨을 때리면 왼뺨을 돌려대는 사랑을 맛보며 사는 게 누구 덕분인가? 너무나 이기적인 우리가 속옷을 달라 하면 겉옷까지 주는 섬김을 맛보며 사는 게 누구 덕분인가? 모두 자식 덕분이다.

　살다 보면 자식들 때문에 마음 아려 눈물 날 때도 종종 있을 것이다. 그때마다 누구도 아닌 부모 된 우리가 자식이란 고난을 통해 가을처럼 깊어지는 인생을 소유함에 감사하며 더욱 주님의 사랑 안에 거해야 하리라.

"그가 어떤 사람은 사도로, 어떤 사람은 선지자로, 어떤 사람은 복음 전하는 자로, 어떤 사람은 목사와 교사로 삼으셨으니 이는 성도를 온전하게 하여 봉사의 일을 하게 하며 그리스도의 몸을 세우려 하심이라"(엡 4:11-12).

직분 받는 이에게

　주님의 몸 된 교회의 직분은 다리 아픈 사람이 짚고 다니는 목발과 같다. 다리를 다친 사람이 목발을 의지해 걷듯이 성도는 거룩한 직분을 목발 삼아 한발 한발 걷는 자다.

　이 땅의 성도는 직분 유무와 상관없이 모두가 온전치 않고 모두가 연약하지 않던가. 따라서 그 누구도 아닌, 연약한 자신의 신앙 유익을 위하여 직분을 감당하는 것이다.

　그러므로 직분을 받는 그대는 자신이 가진 믿음의 자격과 능력으로 받는 게 아니라, 자신의 믿음이 연약하여 직분이란 은혜의 목발이 주어진 것임에 기쁨으로 감사해야 한다.

"그러므로 땅에 있는 지체를 죽이라 곧 음란과 부정과 사욕과 악한 정욕과 탐심이니 탐심은 우상 숭배니라"(골 3:5).

이단

그리스도의 교회를 대적하는 악한 영의 세력은 어느 시대를 막론하고 있었다. 때로는 광명한 천사의 얼굴로, 때로는 우는 사자의 얼굴로 유혹하거나 위협하였다. 이단 사상으로부터 진리를 지켜내는 2천 년의 여정이 기독교 역사의 전부라 해도 무방할 만큼 미혹하는 영은 교회 안팎으로 있어 왔다.

작금의 한국교회는 어느 때보다 교묘하다 못해 노골적인 사탄의 권세 앞에 힘겨워하고 있다. 교회마다 비 온 뒤 자라나는 대밭의 죽순 같은 이단들로 시끄럽다. 새신자가 교회에 등록해도 이단이 아닐까 마냥 반기지 못할 정도가 됐으니 비극이 아닐 수 없다.

그렇다면 그리스도의 교회를 미혹하는 이단의 가르침이 왜 하필 이 땅에 더욱 기승을 부리는 것일까? 최고의 명품은 짝퉁이 많다는 말로 단순히 책임을 회피할 문제는 아니다. 분명, 우리 신앙에 사탄의 꼬임에 취약한 약점이 있음을 양심 있는 신자라면 인정하지 않을 수 없을 것이다.

성경 신앙은 우리의 탐심을 날마다 십자가에 못 박는 것인데도 우리 신앙은 탐심을 날마다 주의 이름으로 추구하지 않았던가? 참된 신앙은 마음을 가난하게 하고 청결하게 하는 것인데도 우리 신앙은 마음을 주의 능력으로 가득 채우고 또 채우려 하지 않았던가?

감히 두려움으로 한국교회를 향해 부르짖고 싶다. 우리 신앙의 자태가 혹여나 이단 사상이 깃들기 쉬운 자기를 사랑하는 욕망의 마음 밭 위에 서 있는 건 아닌가 묻고 싶다. 습기가 있는 곳에 곰팡이 꽃 피어나듯 탐심으로 행하는 우리 신앙에 미혹의 영이 슬며시 뿌리 내린 건 아닌지 돌아보고 싶다.

"주의 손가락으로 만드신 주의 하늘과 주께서 베풀어 두신 달과 별들을 내가 보오니 사람이 무엇이기에 주께서 그를 생각하시며 인자가 무엇이기에 주께서 그를 돌보시나이까"(시 8:3-4).

쪽빛 바다

내 영혼이 좋아하는 빛깔은 쪽빛이 아닐까 싶다. 십여 년 전 불쑥 캔버스에 수십 점의 유화 그림을 그리고 나서야 내가 이토록 쪽빛을 좋아하는지 알게 되었다. 서너 작품을 제외하곤 온통 쪽빛 잔치였다.

그래서일까? 산에 올라서나 바닷가에 앉아서나 푸른 바다를 바라다볼 때면 내 마음은 금세 순한 양이 되어 고요해지곤 한다. 맑고 고운 빛깔의 쪽빛 바다는 내 영혼에 쉼을 주는 푸른 초장이 아닐 수 없다.

푸른 바다는 햇빛에 의해 여러 다양한 빛깔로 출렁인다. 푸르기도 하고, 푸르스름하기도 하고, 파르스름하기도 하고, 파랗기도 하고, 퍼렇기도 하고, 새파랗기도 하고, 시퍼렇기도 하고, 그날의 햇빛에 따라 끝없이 펼쳐진다.

나를 사랑하시는 하나님은 드넓은 바다와 같아서 측량 못할 깊이와 넓이로 내 영혼을 먹이시고 입히시고 쉼을 주신다. 하나님 말씀에 일렁이는 사랑 빛깔을 헤아릴 수 없는 날이면 내 영혼은 쪽빛 바다에 흠뻑 잠긴다.

"우리는 구원받는 자들에게나 망하는 자들에게나 하나님 앞에서 그리스도의 향기니 이 사람에게는 사망으로부터 사망에 이르는 냄새요 저 사람에게는 생명으로부터 생명에 이르는 냄새라 누가 이 일을 감당하리요" (고후 2:15-16).

멋스러움

아담과 하와가 범죄한 후 하나님과 세상 앞에 두 가지 달라진 게 있다면 낯빛과 말투가 아닐까 싶다. 해처럼 빛나던 낯빛이 두려움과 불안으로 어두워졌고, 믿음과 사랑의 속삭임이 변명과 원망의 말투로 바뀌었다.

성경은 구원을 첫 창조의 회복이라고 가르친다. 그렇다면 예수를 믿고 구원받은 그리스도인이 되었다는 것은 무엇보다 해처럼 빛나는 낯빛과 믿음과 사랑의 말투를 회복한 사람이 되었다는 뜻이 되어야 할 것이다.

세상을 다 가진 그리스도인이 사기꾼보다 못하면 되겠는가? 사기꾼은 잠깐의 유익을 위해 웃는 얼굴과 달콤한 언어를 구사하려 애타도록 힘쓰는데 하물며 영원한 기쁨을 소유한 그리스도인일까 보냐.

그리스도인의 멋스러움은 낯빛과 말투에 있다.

"너희 생각에는 어떠하냐 만일 어떤 사람이 양 백 마리가 있는데 그중의 하나가 길을 잃었으면 그 아흔아홉 마리를 산에 두고 가서 길 잃은 양을 찾지 않겠느냐 진실로 너희에게 이르노니 만일 찾으면 길을 잃지 아니한 아흔아홉 마리보다 이것을 더 기뻐하리라" (마 18:12-13).

믿음의 순례자

믿음은 하나님을 아는 것이고, 또한 그분을 알아가는 것이다. 우리가 하나님의 사랑 안에 거하며 그분의 사랑으로 살아내는 만큼 하나님을 알아가는 믿음의 여정에 그리스도인은 순례자로 존재하는 것이다.

이 땅을 사는 그리스도인의 믿음은 내비게이션처럼 미리 목적지를 규정해 놓고 기계적으로 달려가는 믿음도 아니고, 대학 입시처럼 점수를 채점해서 합격과 불합격으로 판단할 수 있는 성질의 믿음도 아니다.

성경적 믿음은 인격적 믿음이다. 인격적인 하나님과 그 형상을 따라 인격적인 존재로 지음 받은 사람의 관계에서 비롯된 게 믿음이기에 철저히 인격적일 수밖에 없다. 기계적 믿음이나 율법적 믿음은 성경적 믿음과는 거리가 먼 것이다.

우리 교회에 성도가 백 명이라 할 때, 모리아 산에서 아들 이삭을 제물로 바친 아브라함과 같은 단 하나의 믿음을 기준과 척도 삼아 백 명 성도의 믿음을 바라보고 평가하려 한다면 성경적 믿음의 관점이라 할 수 없다.

우리가 믿음을 하나님과의 관계에서 그분을 알아가는 인격적 성숙의 과정으로 이해한다면, 백 명의 성도가 있는 교회에는 단 하나의 믿음이 아닌 여러 모양의 백 가지 믿음이 존재한다고 고백하게 될 것이다.

부모에게 모든 자식은 예외 없이 온전한 자식이다. 그 자식이 못났든 잘났든 부모에겐 생명과도 같은 존귀한 자식이다. 부모에겐 어릴 때나 사춘기 때나 청년 때나 하나같이 그때마다 버릴 게 없는 자식인 것이다.

하늘 아버지 되신 하나님의 눈에는 우리 한 사람 한 사람이 눈에 넣어도 아프지 않은, 세상에 둘도 없는 귀엽고 어여쁜 자녀인 것이다. 못난 자식일수록 더 크신 사랑과 더 놀라운 은혜로 감싸 안으시는 인애하신 하나님이 우리의 하늘 아버지이신 것이다.

그리스도인이면 누구나 가야 할 이 믿음의 길은 부담스럽거나 심각하거나 억지스러운 길이 될 수 없다. 믿음의 순례 길을 가는 동안 나의 갈 길 다 가도록 동행하시되 기쁨과 격려를 아끼지 아니하시는 아버지 하나님이 우리의 길벗 되기 때문이다.

하나님을 알아가는 이 믿음의 여정에는 잘난 자도 없고 못난 자도 없다. 하나님 아버지의 눈에는 모두가 다 예외 없이 있는 그대로의 개성 넘치는 존귀한 자녀란 사실을 기억하며, 기쁨의 노래를 잃지 않는 믿음의 순례자가 되어야 하겠다.

"사울이 길을 가다가 다메섹에 가까이 이르더니 홀연히 하늘로부터 빛이 그를 둘러 비추는지라 땅에 엎드러져 들으매 소리가 있어 이르시되 사울아 사울아 네가 어찌하여 나를 박해하느냐 하시거늘 대답하되 주여 누구시니이까 이르시되 나는 네가 박해하는 예수라"(행 9:3-5).

만남의 은혜

인생길 가는 동안 생명 되신 주님과의 만남이 은혜라면 나를 있게 한 아버지와 어머니의 만남도 은혜요, 아버지를 있게 한 할아버지와 할머니의 만남도 은혜요, 어머니를 있게 한 외할아버지와 외할머니의 만남도 은혜로다.

인생길 가는 동안 생명 되신 주님과의 만남이 은혜라면 밤하늘의 반짝이는 별빛과의 만남도 은혜요, 나의 두 뺨을 부드럽게 어루만지는 솔바람과의 만남도 은혜요, 내 귓가에 잠잠히 들려오는 풀벌레 소리도 은혜로다.

인생길 가는 동안 생명 되신 주님과의 만남이 은혜라면 그대, 내 밖에 있는 나인 그대, 영원한 나의 생명, 세상이 어찌할 수 없는 나의 사랑, 거룩하고 영광스런 주님의 몸 된 교회인 그대를 만남이 은혜 중 은혜로다.

"내가 내게 있는 모든 것으로 구제하고 또 내 몸을 불사르게 내줄지라도 사랑이 없으면 내게 아무 유익이 없느니라"(고전 13:3).

사랑에 관한 하나의 비유

주일 아침, 거지 청년은 어김없이 나타났다. 야구 모자를 깊숙이 눌러쓴 채 예배당 앞에 엎드려 말없이 구걸하고 있었다. 일 년이 다 되도록 주일 아침이면 펼쳐지는 예배당 풍경이었다.

부끄러움 때문일까? 거지 청년은 항상 얼굴을 반쯤 가린 채 고개를 숙이고 있었다. 누구도 그 청년의 얼굴을 똑똑히 본 사람도 없고, 목소리를 들은 사람도 없었다.

사람 좋은 최 목사는 거지 청년이 처음 찾아왔을 때 마음 다해 따뜻이 격려하면서 5만 원권 지폐 3장을 건넸다. 작은 교회를 목회하는 최 목사에게 15만 원은 적지 않은 돈이었다.

일 년이 지난 오늘 아침, 최 목사의 심경은 그 첫날의 만남이 후회가 되었다. 알량한 신앙적 양심 때문인지 거지 청년을 내치지도 못하고 사랑으로 품지도 못하는 자신이 처량했다.

주일마다 구걸하는 거지 청년 때문에 교회가 부흥이 안 되는 거라고 투덜거리는 성도들이 하나 둘 늘어갔다. 하지만 누구도 앞장서 거지 청년을 야박하게 쫓는 성도는 없었다.

최 목사는 오늘만큼은 용기를 내야겠다고 생각했다. 그동안 차마 입 밖으로 꺼내지 못한 말을 꼭 해야겠다고 다짐했다. 최 목사는 천천히 거지 청년 앞으로 다가가 쪼그려 앉았다.

다른 사람이 들을세라 최 목사는 조용히 말했다. 우리 교회는 작은 교회인 까닭에 별로 보탬이 안 되니 이왕이면 큰 교회로 가서 도움을 청하면 훨씬 많은 돈을 벌 수 있을 거라 말했다.

최 목사는 평소보다 많은 20만 원을 거지 청년에게 건넸다. 미안한 마음이 없는 것은 아니었으나 이제 그만 다른 교회로 가달라는 간곡한 부탁의 의미로 나름 큰돈을 준 것이었다.

그런데 거지 청년은 지폐 4장을 호주머니에 넣고는 조금도 움직이지 않고 가만히 엎드려 있을 뿐이었다. 당황한 최 목사는 청년의 얼굴을 보며 다시 얘기를 하려고 고개를 숙였다.

그때였다. 최 목사는 그만 엉덩방아를 찧으며 제자리에 털썩 주저앉았다. 보는 순간, 알았던 것이다. 다섯 살 때 잃어버려 꿈에라도 보고픈 아들이 그 거지 청년이란 걸 말이다.

`
`
`

사랑하는 자들아, 서로 사랑하자.
사랑은 행위 이전에 아는 일이다.

"하나님의 말씀은 살아 있고 활력이 있어 좌우에 날선 어떤 검보다도 예리하여 혼과 영과 및 관절과 골수를 찔러 쪼개기까지 하며 또 마음의 생각과 뜻을 판단하나니" (히 4:12).

설교를 잘 듣는 법

1

생명의 양식을 전하는 설교는 어머니가 자녀에게 정성껏 차려주는 집밥과 같다. 집밥의 메뉴 결정권은 생일과 같은 특별한 때를 제외하곤 자녀가 아닌 어머니에게 있다. 그래야 자녀의 건강이 보장되지 않겠는가?

오늘날 신자들은 설교를 집밥이 아닌 식당 밥으로 여기는 듯하다. 자신이 미리 정한 메뉴를 따라 맛집 식당을 찾아가 듯 자신이 원하는 설교만을 좇아 교회를 다닌다. 그런 신자에게 균형 잡힌 영적 건강을 기대하긴 어렵지 않겠는가?

신자는 자기 입맛에 따라 설교를 선택하는 걸 경계해야 한다. 내가 설교를 평가하기보다 설교가 나 자신을 평가하도록 해야 한다. 설교를 듣는다는 것은 진리의 말씀을 통해 자기 긍정이 아닌 자기 부정을 이뤄가는 자기 십자가 지는 일이다.

2

설교는 진리의 망치를 가지고 돌덩이같이 완고한 나의 생각을 산산이 깨부수는 것이다. 그러므로 설교를 들을 때 생

각으로 듣지 말고 그냥 생각 없이 들으라.

3

설교를 들을 때 온 맘 다해 아멘으로 화답하라. 듣는 이가 아멘 할 때 설교자와 공감이 이뤄진다. 거룩한 공감은 서로를 그리스도의 사랑 가운데 거하게 하고 생명을 낳게 한다.

4

세상에서 가장 은혜로운 설교는 당신이 어제 들었던 설교도 아니고 내일 들을 설교도 아니다. 세상에서 가장 은혜로운 설교는 언제나 바로 지금 듣고 있는 설교다.

5

아이들은 피자나 치킨 같은 간식이 아니라 매일 삼시 세 끼 엄마의 밥상으로 자라난다. 이와 같이 신자는 어쩌다 듣는 목사의 설교가 아니라 매 순간 자신의 말을 자신이 먹고 자라난다.

일천 편의 설교를 당신의 귀로 듣는다 해도 당신에게 생명의 참 양식이 되지 못한다. 당신의 영혼을 살리는 생명의 참 양식은 목사의 설교가 아니라 당신의 입술에서 나오는 사랑의 말이다.

"그러므로 깨어 있으라 어느 날에 너희 주가 임할는지 너희가 알지 못함이니라 너희도 아는 바니 만일 집 주인이 도둑이 어느 시각에 올 줄을 알았더라면 깨어 있어 그 집을 뚫지 못하게 하였으리라 이러므로 너희도 준비하고 있으라 생각하지 않은 때에 인자가 오리라"(마 24:42-44).

그날은

　주님 다시 오시는 그날은 언제일까?
　그날은 주님 당신도 스스로 모른다 하셨으니 어찌 아는 이 있겠는가? 그날은 모든 이에게 감춰져 있다. 그런데 아이러니하게도 그날은 모든 이에게 드러나 있는 공공연한 비밀의 날이기도 하다.

　영생은 지금 이 순간에 피는 꽃이 아니던가?
　주님이 십 년 후에 오실지라도 주님은 지금 이 순간에 오실 것이고, 주님이 백 년 후에 오실지라도 주님은 지금 이 순간에 오실 것이고, 주님이 천 년 후에 오실지라도 주님은 지금 이 순간에 오실 것이다.

　주님 다시 오심을 사모하는 자여,
　두려워 말고 다만 지금 이 순간에 깨어 있으라. 주님이 다시 오시는 그날이 언제이든 오직 지금 이 순간에 오시리라. 영광의 그날, 어제도 아니고 내일도 아닌 지금 이 순간, 구름 타고 오시리라.

빈털터리 하나님

1판 1쇄 인쇄 _ 2024년 11월 25일
1판 1쇄 발행 _ 2024년 11월 30일

지은이 _ 김용삼
펴낸이 _ 이형규
펴낸곳 _ 쿰란출판사

주소 _ 서울특별시 종로구 이화장길 6
편집부 _ 745-1007, 745-1301~2, 743-1300
영업부 _ 747-1004, FAX 745-8490
본사평생전화번호 _ 0502-756-1004
홈페이지 _ http://www.qumran.co.kr
E-mail _ qrbooks@daum.net / qrbooks@gmail.com
한글인터넷주소 _ 쿰란, 쿰란출판사
페이스북 _ www.facebook.com/qumranpeople
인스타그램 _ www.instagram.com/qrbooks
등록 _ 제1-670호(1988.2.27)
책임교열 _ 오완

ⓒ 김용삼 2024   ISBN 979-11-94464-06-8   03230

책값은 뒤표지에 있습니다.
이 출판물은 저작권법에 의해 보호를 받는 저작물이므로 무단 복제할 수 없습니다.
파본(破本)은 구입처에서 교환해 드립니다.